中国　岐路に立つ経済大国

―四半世紀の中国を見て―

中藤康俊　著

大学教育出版

はじめに

中国における２０１１年の国内総生産（ＧＤＰ）の伸び率は9・2％であり、2年ぶりに1桁台となった。中国政府は高いインフレ率を抑えながら政策的に比較的高い成長率を実現してきた。ところが、欧州債務危機の深刻化や不動産バブルなどで減速経済の予兆を感じざるを得ない。２００８年9月のリーマンショック後も中国経済は回復が早く、世界経済は中国に依存する傾向が強かったが、経済の減速はグローバル経済の成長のエンジン役を期待できないのであろうか。

日本は１９６０年代以降、「東洋の奇跡」とさえ言われるような飛躍的な経済発展を遂げた。その結果、１９６８年には西ドイツを抜いて世界第2位の経済大国となり、40年余りその地位を維持してきた。しかし、１９９０年代には「失われた10年」とさえ言われるような経済の停滞が続いていた。ところが、中国は１９７８年末以来、改革・開放政策を進め、「世界の工場」と呼ばれるまでに発展し、ついに２０１０年のＧＤＰは日本を抜き、世界第2位の経済大国となった。中国が世界経済に与えるインパクトには計り知れないものがある。リーマンショックで世界の多くの国々がマイナス成長のときでも中国はプラス成長を維持し続け、２００８年に北京オリンピックを、２０１０年には上海万博とアジア大会（広州）を開催するほど発展した。その結果、中国人の富裕層は50万人を突破したという報道もある。

しかし、中国の経済が順調に発展し始めたのはそれほど古くはない。経済が成長し始めたのは中国が改革・開放政策に転じた１９７８年以降のことであり、それはわずか30年ほど前のことでしかない。中国は外国の資本と技術を導入し、深圳、厦門、大連など沿海部に経済特区をつくり、工業製品を輸出するという政策をとったので沿海部では経済発展は著しく、大都市には高層ビルが立ち並び、道路には自動車が溢れている。しかし、現代中国では、一部に繁栄を謳歌している人たちや地域もあるが、内陸部の農村ではその恩恵を受けられず、格差が拡大している。経済規模は世界第2位になったとはいえ、一人当たりの所得は日本の10分の1である。このほか、失業率の増大、大学生の就職難、インフレ、汚職などさまざまな面に経済発展に伴うさまざまな問題が噴出している。最近では、高速鉄道事故や子供のひき逃げ事件、官僚の汚職や若者の間の拝金主義などあらためて世界を驚かせている。

中国共産党が2004年に「和諧社会」、つまり各階層間で調和のとれた社会を目指すというスローガンを発表したのはこうした背景からである。さらに、2011年の共産党創立90周年の祝賀大会で胡錦濤国家主席は「中国を良くするカギは党にある」として共産党の変革に取り組む決意を示した。

2012年3月5日、中国の第11期全国人民代表大会（全人代）第5回会議が北京の人民大会堂で開幕した。温家宝首相が施政方針演説に当たる政府活動報告を行い、2012年の成長率目標を7・5%とすると表明した。2005年から7年連続で8%前後としていたので、8年ぶりに7%台に引き下げたことになる。2011年の中国経済は9・2%の比較的高い成長を遂げたが、物価上昇率が政府の目標を上回ったことや住宅価格の高騰で国民から強い反発を招いた。政府は成長目標を引き下げ、規模拡大より成長の質や社会の安定を重視した持続可能な発展を図る方針を示したといえる。

本書は経済大国となった中国が経済成長戦略を転換せざるを得なくなった背景を明らかにし、その背後にある構造、つまり経済社会構造と国土構造、今後の課題について明らかにしたものである。本書は3部に分かれており、第Ⅰ部では中国が改革・開放政策に転じた1978年以降の経済発展の歩みと世界第2位の経済大国に発展する過程で現れた中間層の成長、格差の形成、海外への直接投資、高速鉄道などの社会資本の整備、都市化などについて検討した。第Ⅱ部では中国がグローバル化に対応するため北京や上海などの大都市を世界都市に成長させ、周辺の都市を巻き込んでメガリージョンが形成される過程を論じた。その一方で、沿海部と内陸部の地域格差が拡大したので政府が「西部大開発」や「東北振興」に取り組まざるを得なくなったことについて検討した。中国はグローバル化時代に対応するため国土の再編成に取り組んでいる。第Ⅲ部では中国が経済大国となったとはいえ、経済成長率が1桁台に鈍化した経済を今後も維持・発展させるために取り組まざるを得ない高齢化社会、人材育成、資源・エネルギー問題、環境問題、さらには日本との関係などについて検討した。

筆者は1987年に遼寧大学に留学したが、中国地理学会理事長の呉伝鈞博士、東北師範大学の張文杢教授、華東師範大学の程潞教授にはたいへんお世話になった。それ以来毎年のように中国に行き、現地を見、現地の人びとと交流を重ねてきた。中国の大学や地理学会の先生方、なかでも北京大学の李国平、柴彦威両教授、華東師範大学の谷人旭教授とは長い付き合いでいつもお世話になっている。中国研究では現地調査が欠かせないが、振り返ってみると、これまでずいぶん多くの人にお世話になりながら各地を歩いてきた。筆者にとってはまったく、驚きの連続であった。特に、2010年8月末から1年間北京の外交学院に中部大学との交流協定に基づいて交換教授として派遣された折には、大学の先生方や学生諸君と意見交換したり、北京市民の生活を通して貴重な経験ができ、さまざまなことを考えさせられた。これまで、中国について語るとき、中央、地方を問わず政府レベルのさまざまな統計類を使って書かれたものが多かったが、筆者は自分の経験をもとに国民（市民）レベルで現代中国についてその発展のプロセス、そして今どういう問題を抱えているかを明らかにするように努力したつもりである。

本書の出版に際してはいつもお世話になっている大学教育出版に今回もお願いすることとした。出版事情がきわめて厳しいにもかかわらず、佐藤守社長には快く引き受けていただき感謝したい。

最後に、本書が現代中国に関心をもつ人びとに広く読まれること期待すると同時に率直なご批判を頂きたい。

中藤康俊

2012年4月

中国 岐路に立つ経済大国

―四半世紀の中国を見て―

目次

第Ⅰ部

経済大国への道

第1章　経済発展と諸問題

1　改革・開放政策と経済発展

1978年12月、中国は共産党の大会で改革・開放政策を採択した。そのなかで最も重要な政策は農業・工業・科学技術・国防の4つ、つまり「四つの現代化」であった。政府はこれを具体化するために沿海地区経済発展戦略を計画した。1980年には深圳、珠海、仙頭、厦門が経済特区、1984年には大連、天津、上海、広州などの14都市が沿海開放都市、1985年には珠江デルタ、長江デルタが沿海開放地区、1988年には山東半島、遼東半島が沿海開放地区に指定された。こうして、沿海地区経済発展戦略は点から線、線から面へと拡大され、重層的な枠組みが形成された。

ついで、重要なことは国有企業の改革であった。中国は改革・開放政策を進めるに当たり、計画経済時代の負の遺産を処理しなければ実行が難しかった。市場経済化を進めるに当たり、外国の資本と技術を導入し、中国の安い労働力を使って工業製品を作り、外国、特にアメリカに輸出することにした(1)。

1992年、当時の最高指導者であり、改革派であった鄧小平は社会主義体制の下でも市場経済を導入し、経済発展を進めることが可能であるという、いわゆる「社会主義市場経済」を発表した。これによって改革・開放政策は一段と進み、中国では高成長と開発ブームが1985年の第1次ブーム、1988年の第2次ブーム、1992

〜１９９３年の第3次ブームと外資ブームが生まれた。１９７９〜１９９３年の外資導入件数は17万５５９０件、金額は３１４１億ドルに上った。投資金額を国別にみると、香港・マカオが圧倒的に多く、全体の66・8％を占める。日本は香港・マカオ、台湾、アメリカに次いで第4位であり、中国全体の直接投資の受け入れからみると、日本からの投資は件数・金額ともにわずか4％にしかすぎない。しかし、日本の対中投資も１９９２年以降急激に伸びており、その背景には鄧小平の指示があったことが注目される。日本の対中投資は沿海地域への投資が実に96％に及んでおり、しかも約50％は大連への投資であった。中国は当初、経済発展のための資金導入や技術取得などを目的に外資導入を促進してきた。しかし、その後に経済の発展によって資本蓄積が進んだため、外国の直接投資がもっていた資金源としての意味は薄らいできた。

かつて、中国では「人民公社」がもてはやされたが、中国の経済発展を支えたのは「郷鎮企業」であったと言っても過言ではない。国営企業や国有企業が国策に応じるための企業であるのに対し、郷鎮企業は農村の需要から発生した。そのため、業種も農業のほか工業、商業、建設、運輸、サービスなど多岐にわたる。郷鎮企業の武器はなんと言っても豊富で安い労働力で、これが競争力を生み出し、急速に拡大した。郷鎮企業は中国経済の索引役であると同時に農村の余剰人口を吸収する役割も果たした。農村の工業化は都市化をもたらし、都市人口の割合は１９８０年には19・6％であったが、１９９０年には27・4％、２０００年には35・8％、そして２００５年には40・4％にまで増大した。

外国の資本と技術を活用して労働集約型企業が発展し、中国は「世界の工場」となった。家電大手の海爾集団（ハイアール集団）といわれる企業は国有でも個人有でもなく、集団所有制の企業であり、１９８４年に設立された。集団所有制の企業は国有企業や私有企業とも異なり、次のような意義を有する。そのひとつは集団所有企業の労働者は同時に事業体の所有者となるので生産手段の所有者が労働者を雇用して生産された価値の大部分を収奪するという制度上の不公平の根源が取り除かれる。第2に、市場経済において弱者である労働者が協同組合企業を作ることにより雇用問題を解決し、労働者の所得を増やし、社会の安定につながる。第3には、集団所有経済は労働大衆がともに豊かになる「共同福祉」の目標の実現、公正で安定した社会の実現に重要な役割を果たすことができる(2)。

海爾集団の従業員は7万人、売上高は568億元である。安い人件費や巨大な市場という中国の利点を生かしてコスト競争力を高め、世界最大の白物家電メーカーに成長した。全国の農村部まで販売網を整備し、国内トップの企業になった。「世界のハイアール」とさえ言われる海爾集団は「現在、ハイアール製品が輸出される160の国や地域に、大小あわせて5万を越える販売拠点や取次店、サービス店がある。これらの拠点は、ハイアール製品の輸出拡大が急速に伸びることを可能にしている」(3)という。

ハイアールは白物家電の世界最大手で、2011年には冷蔵庫と洗濯機の世界シェアーはそれぞれ16・5%と12・3%であった。日本では知名度も低く、低いシェアーにとどまっていた。ところが、2012年1月には三洋電機から白物家電事業を買収した。ハイアール・グループのアジア地域統括本社も大阪市に設置した。三洋の開発力を活かして高価格製品を60機種以上も日本市場に投入する計画である。ハイアール単体で100億円程度であった売り上げを2012年度には500億円に引き上げる計画であるという。韓国のサムスン電子も2013年には日本の薄型テレビ市場に参入する計画である。コストや品質、性能などの面で国際競争力のある大手企業が日本市場に参入することで一気に競争が激しくなる。日本国内各社は新たな対応を迫られている。

また、世界最大の粗鋼生産量を誇る宝鋼集団は1978年に上海で鉄鋼産業を生み出す使命を背負って設立された。日本の新日本製鉄君津製鉄所をモデルに当時の最新技術や設備を導入し、中国の産業基盤を作り上げた。海外の技術を積極的に吸収しながら競争力を高めてきた。2010年の粗鋼生産量は4450万トンで、世界第3位である。従業員は11万8500人である。中国に海外から進出する自動車や家電の大手にも鋼板を供給できるほどに成長した。

中国は今日では「世界の市場」とさえ言われるまでに国民も豊かになり、購買力がついた。日本経済新聞（2012年1月29日）によれば中国の商務省は春節（旧正月）の大型連休中の小売売上高はこれまで毎年順調に増加しており、2012年の春節（1月22～28日まで）では前年同期比16・2％増で、中国経済が減速傾向とはいえ、個人消費は底堅く推移しており、品目別では高級ブランド品の衣類が18・2％増、宝石類が16・4％増であったと発表した。日本企業も円高と生産コストを下げるために中国に進出するケースが増えてきた。今日では日本と中国の間では経済的に相互依存関係が強まり、中国は日本にとって最大の貿易相手国となった。日本は「中国なくしては生活ができない」(4)と言われるまでに相互依存関係は強まっている。それはギョウザの事件を見てもわかるとおりである。いまや、日本の食料自給率は40％前後で日本人の食料は外国、特に中国に依存する度合いがきわめて高い。中国では1980年代は耐久消費財の購入に主力が置かれ、「消費革命」(5)とさえ言われた。今では、国民の多くは自動車と住宅を求めている。

改革・開放政策が本格化した1979年以降、「中国経済は1989年の天安門事件など紆余曲折を経ながらも世界に例を見ないほどの高成長を達成し、この間、国民生活も着実に向上し、すでに中国の大多数は『小康水準』に達した」(6)といわれる。「小康水準」とは、1979年に鄧小平が初めて明らかにした概念であるが、その後に3段階の発展論へと敷衍されたものである。第1段階は、1980年のGDPを2倍にし、「温飽問題」（衣食を充足させるという課題）を解決する、第2段階は20世紀末までにGDPをさらに増加させて「小康水準」（生活が向上し、衣食が豊かになるまずまずの水準）に到達させる、第3段階は21世紀中葉までに一人当たりGDPを「中等レベルの先進国水準」に到達させ、人民生活をかなり豊かにし、基本的に現代化を実現するという考えである。

「小康社会の実現」とは胡錦濤国家主席がことあるごとに口にする言葉である。「小康」とは「やや裕福でまずまずの経済状態」を意味する。この目標をいち早く実現したのは外資系企業やIT関連企業で働く人たちである。洗濯機、カラーテレビ、住宅、自動車、携帯電話など彼らが追い求めてきたものをすべて持ち、さらに感性や生活面

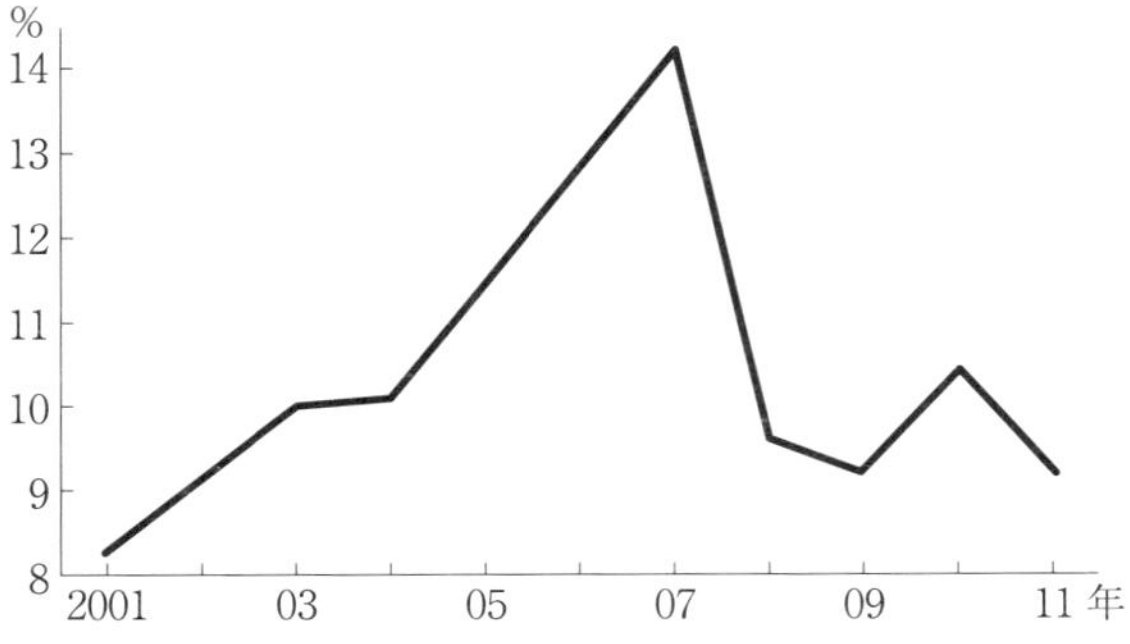

図 1-1　中国の GDP 伸び率

資料：『中国統計年鑑』中国統計出版社より作成。

の価値意識に基づいた「遊びの消費」を求めている。消費行動も多様化、個性化しており、個性的な結婚式を演出するコンサルティングなど各種のサービス産業も広がりつつある。現在、中国の経済成長は投資に依存しているが、持続的な成長には今後国民の消費の増大が不可欠である。

２００１年以降の中国のＧＤＰ（国内総生産）は図１‐１のとおりである。２００１年以降、ほぼ右肩上がりの成長であったが、特に２００３～２００７年までの伸び率は高く、２桁の成長であった。２００７年にいたっては実に14・2％の高い成長率であった。その後、金融危機などの影響で２００８年には9・6％、２００９年には9・2％に低下したが、２０１０年には10・4％と再び2桁の成長率に回復した。中国の経済成長率は２０１０年には日本を抜いて世界第2位となり、日本は１９６７年以来43年ぶりに世界第3位に転落した。中国国家統計局の発表によれば、２０１１年のＧＤＰ（国内総生産）は9・2％で政府の成長率目標（8％前後）を上回ったものの10年実績（10・4％）を下回り、2年ぶりに1桁成長にとどまった。欧州債務危機による輸出不振、インフレ抑制のために金融引き締めなどによって経済の減速傾向が強まったためである。中国政府は難しい経済政策運営を強いられている。個人消費の動向を示す社会消費品小売総額は17・1％増で、10年の18・4％を下回った。10年に大幅に伸びた自動車や家電などの売り上げが鈍化したことに加え、消費者物価指数が5・4％増と3年ぶりの高い水準であったことも消費の足を引っ張ったからである。

１９９２年春、鄧小平は上海で南巡講話の中で改革開放の加速を呼びかけた。計画と市場はいずれも手段であり、計画が少し多いかそれとも市場が少し多いかは、社会主義と資本主義を区別するものではないという考えである。同年10月の第14回共産党大会で「社会主義市場経済」という概念が提起されると、経済改革はこれまでよりいっそう加速され、1978年以降、緩やかに進んできた計画経済から市場経済への転換はこの年を境に一気に加速した。1990年代に改革・開放政策が定着すると投資ブームが起き、2001年にはWTO（世界貿易機関）に加盟すると、一気に世界中の企業が進出することになった。WTOに加盟した2010年に比べ、2011年には輸出額は6・3倍、外資の対中直接投資額は2・6倍に膨らんだ。輸出額の伸び率は年平均21・3％であり、全世界の9・5％を大きく上回る。

中国は鄧小平の「南巡講話」以降、社会主義市場経済体制の確立を目標としたが、「社会主義」と「市場経済」のどちらを強調するかによってその方向は変わりうる。そのため、政府はWTO加盟によって経済改革をいっそう進めたいと考えた。というのは、中国が完全な市場経済に移行するためには従来の共産主義イデオロギーに基づく組織や制度が弊害になっていたからである。WTOは自由貿易の推進を目標とした国際機関であって、貿易障壁の削減・撤廃を義務としており、市場経済化を暗黙の前提としている。WTOへの加盟は改革を「『試行錯誤』『漸進主義』から抜け出させ、中国の市場経済化を後押しする大きな力になるものと考えられる」(7)。中国政府には、WTO加盟は市場開放と市場経済化にむけた改革を進めることが国際的な公約になる。中国にとってWTO加盟はグローバル・スタンダードの受け入れを意味する(8)。2001年という年は中国にとってはその存在を世界にアピールした年であった。しかし、中国にとってWTO加盟はメリットでもあるし、デメリットでもあり、「諸刃の剣」となる。中国にとっては国際市場への参入と輸出拡大への足がかりになるとされる一方で、市場開放による国内経済への大きな影響も予想される。

日本企業も当初は製造業が、ついで商業・金融分野を中心に非製造業が進出した。最近では流通、サービス分野まで進出した。もはや、日本の企業はこれまでのように製造コストを下げるため人件費の安い中国に進出するという時代は終わった。従来のように労働集約型から高付加価値型の企業に脱皮しつつあり、「世界の工場」だけの立場から脱却を図っている。上海市、江蘇省、浙江省などの長江デルタ地域には「グレーター・シャンハイ」と呼ばれる地域が形成されている。

その後に、江沢民は「西部大開発」に力を入れ、胡錦濤国家主席は「和諧社会」を主張したが、いずれも経済成長と格差拡大の相克の歴史であったといえよう。しかし、それでも農村の一人当たりの収入は都市の3分の1であった。高度経済成長はインフレ、都市と農村の所得格差、沿海部と内陸部の地域格差、農村から都市への「盲流」といわれる出稼ぎ、環境問題、汚職などさまざまな問題をもたらした。なかでも貧富の格差は特に大きな問題である。格差の拡大は中国社会の緊張を高めた。胡錦濤政権は和諧社会の実現を目指してきたが、格差は縮小していない。しかし、経済発展の結果、中間層が形成されたことは否定できない。しかも、中国は「世界の工場」から「世界の市場」と言われるまでに発展した。

中国の巨大な市場を目指して外国の資本が流入している。ただ、2011年は欧州債務危機を背景にリスクをとれなくなった欧米の投資家が投資を渋っており、中国への資金流入の減少要因になっている。2011年の対中直接投資額は前年比9・7％増の1兆1560億1100万ドルであったが、伸び率は10年の17・4％から鈍化した。当初、中国の改革・開放政策によって外資対中投資は社会的基盤の比較的整備された沿海部が中心で、こうした地域では産業が急速に発展したが、内陸部への投資は進まず、国内の格差が拡大した。中国共産党第14期中央委員会第5回全体会議（五中全会）で採択された第9次五カ年計画では地域間格差の是正のため内陸部に重点投資することを決定した。また、政府は「外資導入ガイドライン」を作成、1995年頃から内陸部に衣料・雑貨品の製造・加工などの労働集約型の業種を導入する方針を決めた。しかし、経済発展につれ、中国も積極的に海外への投資を進めるようになった。

2　対外直接投資と経済圏

経済発展の結果、中国の対外直接投資は急速に増大している。2010年の投資額は688億ドルで、10年前の48倍にも増大し、イギリス、日本を抜いて世界第5位となった。直接投資には2つのタイプがある。そのひとつは最近急速に拡大しているのが発展途上国を中心とする市場開拓型の投資である。沿海部の出稼ぎ労働力の不足、人件費の高騰、欧米先進国との貿易摩擦の激化などにより繊維製品や雑貨などの労働集約型産業の比較優位性が失われつつある。そのため、東南アジアやアフリカなどに中国企業が進出するケースである。

第2のケースは国内での開発が難航する石油や天然ガス、鉄鉱石、ウランなどの分野で企業買収が相次ぎ、投資額が膨らんでいる。狙いは資源やエネルギーの安定的な調達にある。2009年の資源輸入量は過去最高であった。鉄鋼原料の鉄鉱石は前年に比べ40％も増加し、初めて6億トンを超えた。原油と大豆の輸入量も10％以上増えた。最近、中国は輸出主導から内需主導の成長に転じたと言われるが、資源不足は相変わらずで資源の国際価格を上昇させている。

いま、中国は積極的に対外直接投資などを通じて経済圏の拡大に力を入れている。そのひとつは中央アジア諸国である。カザフスタン、トルクメニスタンなど中央アジア5カ国からの輸入額は2009年には約68億ドルであったが、2001年の7倍弱に当たる。ところが、輸出は輸入以上に伸びており、2009年には2001年の約34倍であった。中国は中央アジア諸国を石油など天然資源の調達先としてだけでなく、工業製品の主要な輸出市場としても位置づけている。資源の豊富な中央アジアはもともと輸出用パイプラインをロシアとだけ接続していたが、2006年に中国とカザフスタン間にパイプラインが開通したので輸送が可能になった。原油の輸入先として中東依存度を下げ、中央アジアから輸入することで経済成長によって不足する資源を確保したいという中国側の思惑と輸出先に中国を加えて価格交渉を有利に展開させたいという中央アジア諸国の思惑が重なり合ったものとみられる。

中国が力を入れているもうひとつは南アジアや東南アジアへの経済圏の拡大である。中国の輸出企業は欧米向けが景気低迷の影響で減速傾向がみられるが、その一方で新興国向けの輸出は好調である。なかでも、東南アジア向け輸出は２０１１年１～９月は前年同期比24・7％増を記録した。輸入額をあわせた貿易額は日本を抜いて中国の第３の貿易相手国・地域となった。２０１０年１月には自由貿易協定（ＦＴＡ）を締結し、中国の輸入額も増加した。中国は貿易拡大に向け、港湾、鉄道、道路などのインフラ整備に力を入れている。２００９年のインド、パキスタンなど南アジア向けの輸出は２０００年の11倍に拡大した。一方、東南アジア諸国連合（ＡＳＥＡＮ）向けは６・１倍である。工業製品だけでなく、中国人の南アジアへの進出も著しい。２００９年の海外旅行者は４７６６万人であるが、このうち約３０００万人がアジアを訪問した。

３　中間層の形成

中国では経済発展によってたしかに国民の生活は向上したが、貧富の格差は拡大し、一部には富裕層が、他方多くの国民は失業、物価の高騰などに悩まされており、二極分化が進行している。中国では「富裕層」が50万人を突破し、アメリカ、日本、ドイツについで世界第４位になった。富裕層には不動産業、小売業、医療関連などに従事する者が多い。１９７８年の改革・開放政策の始まった当時には富裕層は存在せず、国民全体が貧しい状態にあったが、１９９０年代の外資系企業の進出で経済成長が加速するにつれ富裕層が現れた。最近、富裕層を中心に海外旅行熱が高まるなど旅行需要が年々拡大している。こうした動きを追い風にして業績を伸ばしているのが旅行業界最大手の中国国旅集団である。北國銀行上海駐在員事務所長の筆安史は北陸三県でウエデング事業を展開している

（株）かづ美（本社・金沢市）が2007年に上海で婚礼サービスの現地法人を設立したことを報告しているが、それによると、「以前の中国の披露宴はホテルやレストランで行われ、披露宴というより『大宴会』というイメージでしたが、同社は総合結婚式場を建て、上海でも日本と同様に『ヴィラグランディス・ウエディングリゾート』の名で婚礼サービスを提供しています。演出は日本よりも派手な演出を好む中国式を取り入れ、徹底したサービスで人気となっています」(9)という。

問題は少数の富裕層だけではない。経済発展の結果、富裕層に加え新たに豊かな「中間層」が形成されたことである。この中間層は中間所得層、中流層、中産階層などとも呼ばれているが、どのくらいの人が中間層に該当するかは資料によって必ずしも一定ではない。国家統計局は世界銀行の「中等収入層」の定義に準じ一世帯当たりの年収が6万元（約72万円）～5万元（約60万円）を中流層とみなし、2005年には全人口の約5％、約6500万人と推定している。中国社会科学院の『中国都市発展報告』によれば年間可処分所得が1万6300元（約20万円）～3万7300元（約45万円）の所得層を「中間層」と定義し、都市部に2億3000万人、約37％がいるという。いずれにしてもこの中間層が経済発展の担い手であるとともに政治や社会を動かす存在となってきたことは言うまでもない。

中国人の海外旅行者は年間7000万人とも言われる。近年、日本にも中国からの観光客が増えているのはこうした中間層の増加を示すものである。多くの中間層が台頭し、マイカーをはじめとする消費を活発化させている。外資による大型スーパーでは欧米勢が先行しているが、日本企業はコンビニエンスストアの出店が活発で、すでにセブンイレブンは約1700店、ファミリーマートは700店を運営している。「大型スーパーのイオンは2014年度以降、中国でショッピングセンター（SC）を年2ケタのペースで出店する方針を決めた。出店済みの北京、天津に加えて広東省など沿岸6省にも進出」(10)する予定である。

大衆消費社会の象徴は消費支出が「衣食基本的生活」の支出から「耐久消費財」や「サービス」に向けられるよ

うになることを指摘したのはロストウであるが、中国でも経済の発展に伴い大衆消費社会の到来が指摘される。しかし、消費はあらゆる層に一様ではない。李海峰は「都市化するにつれ、若年層ほど『消費は美徳』という意識が強くなり、先進諸国のような消費生活様式を取り入れている」(11)と指摘している。というのは、「文革の影響を受けている45歳～55歳（２００４年現在）の人たちは毛沢東の平等思想のもと上昇志向を悪とする教育を受けており、資本主義的な労働による利益や消費を良としない価値観を持っているため、消費者として有望なターゲットにはなりにくい。実際に社会的地位や収入も低い傾向にある。ターゲットとして有望なのは、それより下の文革開放世代と一人っ子政策世代になる」(12)。

中国では富裕層を中心にレジャーに対する需要が高まっているが、「スキー場が１００カ所以上あるが、本格的なスキーリゾートは数カ所しかないという。中国のスキー人口は15年には１０００万人を越える見通しで、最近では日本でスキーを楽しむ中国人観光客も増えている」(13)という。一方、日本のスキー人口は１９９０年代前半の約３割にまで減少が続いている。そこで、西武ホールディングス傘下のプリンスホテルは日本での運営実績を生かして新たな市場として、中国でスキー場の開発に取り組む計画である。

また、中国では日本の高級品に対する人気が高いため、三越伊勢丹ホールディングスとカタログギフト大手のリンベル（東京・中央区）は、中国で日本の伝統工芸品や高級雑貨品を扱うギフト事業を始めるという(14)。丸紅と三菱、三井不動産レジデンシャル３社は協同で、上海市近郊でマンション開発に乗り出すという(15)。約４３０億円を投じて20棟からなる約１７００戸のマンションを２０１３年春から販売する計画である。平均労働者の給与は年率１割前後伸びており、中間所得層の増加で将来需要が増加するものと予想されている。労働者の最低賃金を北京市では２０１２年1月1日から8･6％上げて月１２６０元（約1万５５００円）、広東省深圳市では2月１日から13･6％上げて月１５００元（約1万８４５２円）とすることに決定した。物価上昇による生活コストの増加に対応したものである。深圳市の最低賃金は中国本土で最高水準となる(16)。企業にとってはコスト増となるが、内陸部の就業増加で春節（旧正月）に帰省する出稼ぎ労働者が職場に戻らない恐れがあることも賃金上昇の一因であろう。

トヨタ自動車は2012年の生産台数がリーマンショック前の2007年の853万台を超え、5年ぶりに過去最高を更新するという。2012年には新興国中心に市場拡大を狙い、中国の長春でも新工場を稼動させる計画である。「100万円程度に価格を抑えた小型車などを生産し、初めて自動車を買う中間層を狙って需要を掘り起こす」(17)という。

4　格差社会の形成

経済成長の結果、北京や上海の一人当たりGDP（国内総生産）は2011年には1万2000ドルを超え、ハンガリーなど東欧諸国並みとなった。特に、上海は中国の都市の中では最も高く、一人当たりGDPは2010年より13・7％増えて1万2784ドルであった。2001年には4000ドルにも達しておらず、10年で3・3倍も増加したことになる。

中国経済がしばしば「自転車経済」であるといわれるのは、開発を止めると経済がダメになるから止められないという意味である。改革・開放以来、中国では開発を進めてきた結果、都市と農村、都市の内部、さらには地域間で地域格差が拡大した。所得の最も高い上海と雲南省では10倍もの格差がある。しかも、その格差は拡大している。上海と貴州省の格差は1992年には8・2倍であったが、1995年には10・2倍に拡大した。都市と農村では可処分所得の点で3・3倍もの格差がある。それに加えて健康保険や養老保険の格差もあり、この種の社会保障を加味すると、都市住民と農村住民の格差はかなり高い。中国の国土面積は日本の26倍、人口は13倍もあり、歴史や文化なども違うにもかかわらず、政府がひとつの国民国家として扱うのはかなりムリがあるのではなかろうか。

このような地域格差のほかに富裕層と貧困層の格差も無視できない。個人消費の「二極化」が鮮明になってきた。市場経済化の波に乗れない貧困層のなかには飯の食べられない人を見かけることがあり、時おり橋の上や歩道で見かけることがある。都市再開発から取り残され、スラムを形成している。社会主義の時代にはなかったことである。現在の中国では人口の10％を占めるにすぎない富裕層が全所得の50％を占めている。富裕層の多いのは広東省、上海市、北京市、江蘇省、浙江省などである。富豪の最も多いのは広東省で２００８年には４万６０００人に達しており、全国の約15％を占める。

中国が中長期的に安定成長するには沿岸部と内陸部、あるいは富裕層と貧困層との格差を是正していくことである。一般に、社会における所得分配の不平等さを図る指標として所得格差を表すジニ係数を用いるが、ジニ係数が０・４を超えると社会不安を起こし、０・５を超えると慢性的に暴動が引き起こされるという。中国の所得格差はすでに社会不安を起こす水準まで拡大しているといわれる。このほか、医療や教育の格差、高齢者の格差などさまざまな格差についても多くの人が指摘している(18)。

都市と農村の著しい格差の原因は新中国建国以来続けられてきた「二重構造」に起因する。都市と農村、工業と農業、頭脳労働と肉体労働という「三大差別」の存在が広く知られているが、これを今すぐ撤廃することは「中国経済が大混乱に陥る危険性が極めて高いからである」(19)。天津市郊外の大邱庄は「現代社会に固有な矛盾、つまり工業と農業との間の矛盾、都市と農村との間の矛盾を解決するため合理的で協調的な方途を探り当てた」(20)といわれる。それは、「都市が農村を蚕食するのではなく、農村を生かした街づくり。農業生産力が高まることによって生じる余剰人口を大都市に排泄するのではなく、農村に雇用をつくり出して、定住させる。地域自然と調和した型での農・工・商の発展。この道こそが農業と工業の矛盾、都市と農村の矛盾を克服する道の一つだ」(21)という。

注

(1) 中国が計画経済から市場経済に移行する過程については、中藤康俊「中国の歩み―計画経済から市場経済へ―」上野和彦編『中国』世界地誌シリーズ(2)、朝倉書店、2011年、1〜11頁、を参照
(2) 樋口兼次・范力共著『現代中国の集団所有企業』時潮社、2008年、14〜15頁
(3) 王曙光『海爾集団』東洋経済新報社、2002年、213頁
(4) 丸川知雄『「中国なし」で生活できるか』PHP研究所、2009年、このほか、王曙光『中国製品なしで生活できますか』東洋経済新報社、2002年を参照
(5) 劉敬文『中国消費革命』日刊工業新聞社、1997年
(6) 黒岩達也・藤田法子共著『開かれた中国巨大市場』蒼蒼社、2002年、53頁
(7) 海老名誠・伊藤信悟・馬成三『WTO加盟で中国経済が変わる』東洋経済新報社、2000年、65頁
(8) 荒井利明『変貌する中国外交』日中出版、2002年、103頁
(9) 北国TODAY、2012新春号、VOL．165、40頁
(10) 日本経済新聞、2011年12月6日
(11) 李海峰『中国の大衆消費社会』ミネルヴァ書房、2004年、194頁
(12) 伊藤忠ファッションシステム『上海ファッションガイド』チャネラー、2005年、24頁
(13) 日本経済新聞、2011年12月9日
(14) 日本経済新聞、2011年12月9日
(15) 日本経済新聞、2011年12月6日
(16) 日本経済新聞、2012年1月1日
(17) 日本経済新聞、2011年12月17日
(18) 谷口洋志・朱珉・胡水文『現代中国の格差問題』同文館、2009年、三浦有史『不安定化する中国』東洋経済新報社、2010年、王文亮『格差で読み解く現代中国』ミネルヴァ書房、2006年
(19) 三菱総合研究所編『中国情報ハンドブック、2001年版』蒼蒼社、2001年、140頁

(20) 呉修・張英華編著、若代直哉・他訳『農業と工業の矛盾を克服する』農山漁村文化協会、１９８９年、１頁
(21) 呉修・張英華編著、若代直哉・他訳『農業と工業の矛盾を克服する』農山漁村文化協会、１９８９年、２０４頁

第2章

社会資本の整備・充実

1　高速交通体系の整備と鉄道事故

社会資本としては都市と農村、大都市と地方を結ぶ公共サービスの充実や内需拡大のために鉄道、道路、電力、水道、通信など多方面にわたって巨額の資本が投下される。中国は世界第2位の経済大国になったものの格差は拡大した。2010年の「第12次五カ年計画」では「強国」から「富民」へと中国は方針転換し、21世紀半ばまでに「中進国」の仲間入りを目指すことになった。そのため、人口20万人以上の都市を高速道路で結び、人口50万人以上の都市を高速鉄道で結ぶという壮大な計画が進められている。

中国の物流は従来鉄道を中心に輸送体系が構築され、道路輸送は鉄道輸送の補完的手段として位置づけられてきた。1980年代までは鉄道への投資額は道路の3倍以上であった。しかし、貧弱な交通基盤が経済発展にとって最大の制約要因だと認識され、道路輸送力に対する増強の要請が高まったので1990年以降は次第に道路建設にシフトし、全国的に高速道路の建設が進められた。その結果、高速道路の総延長距離は7万4000㎞に達し、アメリカに次いで世界第2位である。その一方で、鉄道の高速化も進められた。高速鉄道の中心となっているのは広大な国土を南北に4本、東西に4本の高速鉄道で主要都市を縦横に結ぶ「4縦・4横」と呼ばれる鉄道網である。

数年前まで、時速200㎞を超える鉄道は中国にはなかった。ところが、2008年に北京—天津、2009

写真 2-1　中国の高速鉄道を走る和諧号

年には広州―武漢、2010年2月には鄭州―西安に時速350kmの高速鉄道が開通した。2008年5月から北京と上海を結ぶ全長1318kmの高速鉄道（中国版新幹線）京滬高速鉄道が総投資額2200億元をかけて建設され、開業予定を6カ月前倒しして2011年6月末には「和諧」号が走ることになった。

開業は共産党創設90周年を記念するイベントとして位置づけられ、鉄道省は技術力の高さをアピールし、国威発揚を狙った。中国としては北京オリンピック、上海万博に続く大型の事業であった。従来北京―上海間は約10時間かかっていたが、高速鉄道では約5時間弱で結ばれることになった。北京は中国鉄道の中心であり、国内はもちろんモスクワ、ウランバートル、平壌などとも結ばれている。北京駅のほかに北京西駅や北京南駅も完成しており、北京を中心として鉄道の大動脈が完成する日も間近である。中国では2008年のリーマンショック以降、景気浮揚を狙って高速鉄道の建設が加速された。鉄道網は2015年末までに約1万6000km、総投資額は約3兆5000億元（約44兆円）にのぼり、巨額な高速鉄道の建設に警鐘を鳴らす学者も少なくない。

大量の人と物資を輸送するには大量のエネルギーが必要であり、13億の人口を抱える中国としてはエネルギーや鉱物資源の確保を目指してアフリカや南米諸国にアプローチしており、アメリカなどの先進国と利権を争って資源外交を展開するのも当然のことかもしれない。

2011年7月23日夜、中国・浙江省温州で発生した高速鉄道事故では40人が死亡し、多くの人が負傷し、中国社会に大きな衝撃を与えた。この事故の犠牲者の大部分は中間層といってもよい。「高速鉄道の運賃は北京―上海の片道で最も安い運賃でも工場労働者の月収の3分の1にもなるからだ。…国民の怒りに対し、中国政府が本気で動かざるを得なくなった初めてのケースだが、それは中流層の意思が無視できなくなったことを意味する。同様に中国各地で公害企業を閉鎖・移転させるなど中流層が政府の方針を撤回・変更させる事例が増えている」(1)という。高速鉄道の事故を受けて最高速度は時速350kmを8月からは300kmに下げられた。

北京や上海では地下鉄事故も発生している。2011年7月5日には北京市の地下鉄4号線の北京動物園駅でエスカレーターが逆走して死者が出た。さらに、2011年9月27日には上海で地下鉄追突事故が発生し、日本人を含む270人余りの人が負傷した。上海では北京、天津についで中国で3番目の地下鉄として1995年に最初の路線が開業した。現在、地下鉄の営業総延長は400km余りでロンドンについで世界第2位である。1日の利用者は700万人に及ぶ。事故が起きた10号線は上海万博にあわせて2010年に開業した路線である。2006年には5号線までであったが、万博にあわせて急速に地下鉄を整備し、2010年には11号線までに増えた。

中国では急速な経済発展を背景にいま高速交通の整備が行われているが、あまりにもスピードが速すぎて安全性が十分確保されていない。ハードなものはできてもソフトは人間の問題であるから容易ではない。以前から問題視されてきた順法精神や商道徳の欠如は文化大革命以来という指摘もある。安全性よりも成長速度を優先する「中国モデル」の危うさが改めて露呈されたといえよう。

中国広東省の広州と深圳を結ぶ高速鉄道（全長102km）は2011年8月に深圳で開催されたユニバーシアード夏期大会前に開通する予定であったが、浙江省温州で7月に起きた事故のため延期を余儀なくされていた。2012年1月の春節（旧正月）には出稼ぎ労働者らが一斉に帰郷するため旅客者の急増が見込まれるので開業を早めたものと思われる。2011年の春節に帰郷した人は2・8億人であったが、日本経済新聞（2012年1月9日）によれば、国家発展改革委員会は12年には前年を9・1％上回る3・1億人が帰郷するものとみている。このうち、鉄道利用者は6・1％増の2億3500万人、空港利用客は7％増の3488万人と見込まれている。

政府は経済成長の牽引役として高速鉄道を重視しており、同年12月26日開通式典が行われた。高速鉄道事故の調査結果が公表されないままの営業開始に対しネット上で当局に多くの国民から批判が噴出しているという。当局は当面最高時速３００㎞で運行するが、今まで1時間かかったが、最短で35分で到着できる。この高速鉄道は「広深港高速鉄道」と呼ばれ、将来的には香港まで延伸させる予定である。

なお、２０１２年には中国の鉄道建設の投資額は２０１１年に比べ34％減の４６９０億元（5兆６０００億円）となることが２０１１年12月23日に開かれた全国鉄路工作会議で決定された。前年割れは7年ぶりのことであるが、政府が高速鉄道事故を踏まえ、鉄道建設にブレーキをかけたものとみられる。

２０１１年12月28日、中国政府は7月の高速鉄道事故の調査結果が出たことを受け、安全を最優先することを鉄道省に求めた。外国が40年かけた高速鉄道の発展を中国はわずか5年で達成し、世界のリーダーになったという自負心が鉄道省にはあり、世界最速の時速３５０㎞に最後までこだわったが、「人命軽視」とか「証拠隠滅」などの批判を受け止めざるを得なかった。しかし、中国の鉄道車両メーカー「中国南車」が時速５００㎞を超す速さで走る可能性を持つ試験列車を開発し、公開した(2)という。「世界最速」を追求する思いは依然として変わらないようである。中国科学技術省が２０１２年にまとめた「高速鉄道技術の中期発展計画」によれば、20年までに高速鉄道を1万６０００㎞まで延ばす従来の方針を確認するとともに運行速度を向上させ、高速鉄道の技術を世界のトップレベルまでに引き上げることとした。

なお、中国は２０１１年6月の北京―上海高速鉄道（中国版新幹線）の開業に合わせてアメリカやブラジルなどに高速鉄道を輸出する計画を掲げていたが、7月の高速鉄道事故を受け、当面は輸出を凍結する方針である。安全対策を強化して国内の建設に専念し、一部に出ていた鉄道省の解体もありえないという。また、２０３０年前後には中国―ドイツ間の高速鉄道延伸構想の実現を目指す計画である。

2　スクールバスの事故

２０１１年11月16日、甘粛省で幼稚園の校車（スクールバス）とダンプカーが衝突して園児19人を含む21人が死亡し、43人が負傷した。このバスは定員９人に対し7倍の64人も乗っていたという。バスは定員オーバーに加え、霧で視界が悪いにもかかわらず、制限速度時速60㎞に対し80㎞で走行していたという。その後も各地でスクールバスの事故が多発している。

この事故で死傷した園児たちの多くは両親が都会に出稼ぎに行き、祖父母と一緒に暮らす「留守児童」といわれる子供たちである。親たちは出稼ぎしてまで子供には教育を受けさせたいという願望をもっており、なけなしの金で子供を幼稚園に通わせているケースが多い。一方、幼稚園側では月収が１０００元しかないような貧困家庭からこれ以上の負担を親たちにかけられないという事情がある。幼稚園は政府の援助も乏しいので新たにスクールバスを購入できないという。

農民工について丹念に調査してきた塚本隆敏が「今後、中国経済は『三農問題（農業、農民、農村）』を単なるスローガンでなく、まず、農村における留守児童問題を早急に解決すべく、中央政府は、政策を提起し、必ず実行に移すべきだと、筆者は強く主張したい」(3)というのも当然のことであろう。

3　情報化社会の形成

２０１１年10月、中国の工業情報化省は中国での第３世代携帯電話（３Ｇ）サービスの累計契約件数は１億件を突破したという。携帯電話契約件数は２０１２年２月末には10億件を突破した。このほか、中国では「微博」（ウエイボー）と呼ばれる中国版ツイッター利用者が急増し、２年間ほどの間に約２億人に達したという（4）。「微博」の「微」はミニ、「博」はブログの意味である。ツィターと同様、携帯電話やパソコンから書き込め、転送も簡単にできるので情報交換の手段としてすでに日常生活に溶け込んでいるという。浙江省で発生した高速鉄道事故でも穴を掘り事故車両を地中に埋めた当局に対し批判が殺到したのもツイッターによるものである。中国のインターネット利用者は２０１１年９月には５億人、国民の４割に達したという（5）。しかも、インターネット利用者の68・６％は30歳以下の若者である（6）。

日本経済新聞（２０１１年10月27日）によれば、中国政府は社会秩序の維持に危機感を抱いているようだ。朝日新聞（２０１１年12月８日）は、厳しい報道規制のなかで広東省では、車に引かれた女児を放置した事件や治安組織の隊員が住民を脅した事件など社会のゆがみを伝える報道をしてきたメディアに対して社会の不安や不満の一因になっているとして当局が報道規制を強めているという。政府は最近、本格的に規制に着手しているようだ。共産党の第17期中央委員会第６回総会（６中総会）では「交流サイトや即時性の高い通信ツールなどへの指導、管理を強め、ネット情報伝達のルールを作る」として微博の規制を強化する方針を発表した。なぜ、中国政府がインターネットに対し規制しているかというと、それは社会主義体制、共産党一党支配体制を維持するためである。中国ではネット上で個人や企業が政権や国家体制を批判することは許されない。北京市政府は２０１１年12月16日、中国版ツイッターとされる「微博」の管理を強化し、利用者に実名や本人の身分証番号の登録を義務付けることを決めた。これまでは匿名での登録が可能であったが、この実名登録による決定によって政府・共産党の批判を封じることができる。

２０１２年1月19日の日本経済新聞によれば、中国国務院の王主人は北京など5都市で２０１１年末からミニブログに実名登録制を導入したことについて「有害情報、風俗、流言などを管理し、社会を安定させる」としてネット規制の必要性を強調した。その上で「こうした業務を推進する」と順次拡大する可能性を示唆した。一方で個人情報の安全性は保障すると説明したという。また、新聞報道によれば、中国広東省は「２０１２年3月から、放送局が地域言語の広東語で放送する場合に当局の許可を必要とすることを決めた。…標準語の普及を目指す中央政府の意向に沿った措置だが、地元や香港の広東語保護を訴える人びとの間で反発が広がりそうだ」(7)という。

中国政府は映画やアニメなどの振興に力を入れており、減税や輸出振興などで優遇している。２００６年に中国政府は海外のアニメ番組を放映することを禁止したが、２０１２年には海外の映画やテレビドラマを午後7～10時までのゴールデンタイムに放映することを禁止した。政府はすでに２０１１年10月には映画やアニメなど文化関連産業で国際的な競争力を目指して文化体制改革の深化を打ち出しており、自国作品の育成を強化する狙いがあるものと思われる。ただ、広東原創動力文化伝播公司の「喜羊羊と灰太狼」シリーズは２００５年のテレビ放送開始以来、中国全土約60局で放映された。２００９年の映画第1作は国産アニメ映画史上最高の９０００万人を動員したといわれる。最近は家族で喜羊羊の映画を見に行くのは春節の休みの風物詩となっている。こうした国産アニメを生み出した製作者たちももとは日本など海外のアニメの影響を受けて育った人たちである。中国のアニメは模倣が多いといわれてきたが、いまやアイデア勝負の時代である。

筆者が外交学院（北京）の国際交流センターに２０１０年8月31日に着任したとき、部屋でＮＨＫのテレビが見えるので喜んでいたら、尖閣諸島の問題が発生した頃からテレビを見ているとときどきカットされるようになった。12月31日の夜は日本の紅白歌合戦を楽しみにしていたが、この日からＮＨＫのテレビはぜんぜん見れなくなった。

4　サービス産業の発展

中国が経済大国として国民の期待にこたえ、世界の中で存在価値を主張するためには従来のような労働集約型の「ものづくり」に特化した産業ではなく、金融・保険・流通・通信・情報などのサービス産業の発展がきわめて重要である。最近まで非常に遅れていた分野であるが、今後、需要が急速に増大することは間違いない。これまで中国の労働集約型産業の振興で農業の過剰労働力を吸収してきたが、経済成長に伴う人件費の高騰によって玩具やアパレル加工業などの労働集約型製造業はミャンマーなど東南アジアに移る可能性がある。また製造業の生産性の向上で雇用の吸収力は低下するであろう。雇用情勢が厳しい現在、今後雇用機会を創出する産業としてサービス産業を振興しなくてはならない。

こうした分野の発展に欠かせないのは技能労働力である。労働力には単純労働力、知的労働力のほかにこうした技能労働力が必要であるが、中国では不足している。自動車、機械、造船、鉄鋼、情報産業などの生産現場でいま必要とされているのは、出稼ぎで短期間だけ働く若い女性ではなく、設計や生産現場で必要とされる技術者の供給が不十分である。しかし、開発、設計などの高度な技術者や事務系の管理職は供給されたとしても、熟練した労働力が確保できるとは限らない。中国人は日本人と違ってより良い仕事、より高い給料を求めて新しい職場に変わっていく傾向があるからである。

日本では大学院を修了していても給料が格別高いというわけではないが、中国では大学院、しかも修士課程かそれとも博士課程の修了者かによって給料はかなり違う。中国は競争社会だから強い産業、高い給料の出せる産業に優秀な人材が集中する傾向がみられる。政府が情報通信、ＩＴ産業に力を入れているのでなおさらである。

「中国のシリコンバレー」とも言われる北京の中関村にはこの地域のベンチャー企業の８割以上が情報機器、ソフト関連の企業である。急速に発展するこの分野では必ずしも資本蓄積は必要ではなく、優秀な技術者であれば誰でもすぐにビジネスを展開できるからである。この分野の成長性は高く、給料も高いので若い技術者が集まりやすい。多くの外国企業も優秀な人材の活用を目指してここに開発、設計やソフト開発の子会社を設立している。中関村には清華大学や北京大学などの有名な大学が数多く集中しているし、この地域は政府の「北京市新技術産業開発試験区」に指定されており、種々の有利な条件が企業に与えられている。１９９９年にはハイテクの集積地としてこの地域は「中関村科技園区」という新しい名称に変わった。筆者は北京・外交学院に滞在中しばしば地下鉄４号線を利用して北京大学の李、柴両教授を訪ねたが、そのたびごとに北京大学のあたりの変貌ぶりには驚くばかりであった。

５　都市化の進展

都市は中国における政治、経済、社会、文化、教育などの中心地である。都市に人口が集中するのはこうした機能が充実しているからであるが、そのためにはたえず水道、ガスなどのインフラを整備・充実、維持しなくてはならない。

中国における都市化は１９７８年以降に急速に進み、２０１１年には都市人口が初めて農村人口を上回った。都市の数は１９４９年には１３２都市しか存在しなかったが、１９５７年には１７６、１９６１年には２０８都市に増加したものの、１９６２年以降の食糧不足のため１９６５年には１６８都市までに減少した。１９６６~１９７８年までの13年間にはわずか25都市が増加しただけである。都市化が急速に進んだのは１９７８年の改革・開放政策以降のことである。１９７８年には１９３都市であったが、２００８年には６５５都市に達し、30年間に４６２

都市も増加した。中国の都市は人口規模が２００万人以上の超大都市、１００～２００万人の特大都市、50～１００万人の大都市、20～50万人の中都市、20万人以下の小都市というように重層的な構造をもっている。この階層の最末端およびランク外に位置するのが「小城鎮」である。２００万人を超える超大都市は２００８年には41都市、１００～２００万人までの特大都市は81都市もあり、30年間にそれぞれ31都市、62都市と大幅に増加した。一方、20万人以下の都市も30年間に49都市から２６４都市に増加した。政府の第10次5カ年計画要綱では「大中小都市と小城鎮が調和して発展する多様な都市化の道を歩み、合理的な都市体系を徐々に形成する」とうたわれている。この小城鎮は農村の中にあって都市機能を合わせもった小都市・町を建設するものである。

都市化に伴う都市の増加は地方の農村から都市に流入する人口の増加による。都市人口の増加をもとに都市化の進展度をみると、都市化の高い地域は沿海部であり、具体的には広東省、山東省、浙江省、江蘇省などである。この結果、沿海部の都市の中には上海、北京、天津などのように巨大都市も現れた。しかも、これらの都市は周辺に膨張し、広域的な巨大都市に発展し、国内の企業の本社や大学などのほか外国の多国籍企業、金融機関なども集中している。こうした巨大都市の出現はグローバル化時代への都市の対応をあらわすものである。

「都市化」とは農村の住民が都市に移動する現象であり、生産と消費にかかわるさまざまな面に資本が農村に浸透し、人口が空間的にある場所に集積するか、あるいは移動する過程をいう。急速な都市化の過程で市街地のなかに農村が残されていることがある。これを中国では「城中村」と呼んでいる。小野寺淳は中国の都市構造には「市場経済の原理」と「計画経済の原理」のほかに「慣習経済の原理」のはたらく空間としてこの「城中村」に注目している(8)。

中国で改革・開放政策以降、都市化が加速した主たる要因は農村から都市への人口移動である。それは人口移住と人口流動の二つがある。前者は長期にわたる居住地の移動であり、農村戸籍から都市戸籍に変更したものである。この場合は企業に就職したか大学に進学した人たちである。これに対し、後者の人口流動は長期の居住地の変更なしに戸籍所在地を離れて都市に移動した人のことを言う。都市に居住する出稼ぎ労働者、つまり「農民工」がそれである。経済の改革・開放以降、出稼ぎ労働者は増加し、現在では1億人以上にのぼるものとみられている。出稼ぎ労働者の出身地は主に河南省、四川省、安徽省などであり、流入地域は広東省が圧倒的に高い比率を示す。若い女性の出稼ぎ労働力が珠江デルタ地域の発展を支えたといっても過言ではない。

珠江デルタ地域の中心は広州である。1949年の建国後、対外貿易は制限されたが、イギリスやポルトガルが統治していた香港やマカオに近く、1957年以降春と秋の年2回国際見本市「広州交易会」が開かれ、海外との窓口の役割をしてきた。1978年に改革・開放政策が始まると、この地域は安価な労働力に支えられた労働集約型製造業の発展で急成長した。華僑や華人からの投資もあり、高速道路や発電所などの社会資本の整備も進み、中国経済の発展を先導する役割を果たした。1997年に香港が返還されると、さらに発展することとなった。広東省は「世界の工場」といわれるまでに発展したが、なかでも深圳は筆者が1987年に行ったときは国際貿易センターがひとつあっただけであるが、今や小さな村から高層ビルが林立する大都市に飛躍的な発展を遂げた。

注

(1) 日本経済新聞、2011年11月4日
(2) 朝日新聞、2012年1月4日
(3) 塚本隆敏『中国の農民工問題』創成社、2010年、117頁
(4) 読売新聞、2011年10月27日
(5) 日本経済新聞、2011年9月30日
(6) 松浦良高『新・中国若者マーケット』弘文堂、2008年、23頁
(7) 日本経済新聞、2011年12月19日
(8) 石原潤編『西北中国はいま』ナカニシヤ出版、2011年、13頁

第3章　メガリージョン形成の課題

1　メガリージョンの形成

農業から工業へ、農村から都市へ、さらに経済発展の遅れた地域から発達した地域へと人口が移動する。その結果、既存都市の発展と農村内部の都市化が同時に進行する。中国の都市化は大きく3段階に分けられる。第1段階は1949～1957年、1958～1978年の第2段階、1979年以降は中国で都市化が全面的に展開した時期である。「全国の1億2107万人の移動人口のなかで、都市部からの流出人口は3287万人（27％）であるのに対し、農村部からの流出人口は8840万人（73・0％）を占める。都市部への流入人口は9012万人（74・4％）、農村部への流入人口は3095万人（25・6％）となる。すなわち、1億2000万人の移動人口のうち、農村部からの流出人口が73％、都市部への流入人口が74％ということである。流出地域別でみると、越省移動人口4242万人のうち、四川省からの流出人口が16・4％、以下、安徽省10・2％、湖南省10・2％、江西省8・7％、河南省7・2％、湖北省6・6％となっている。この6省からの流出人口が、全国の越省移動人口の59・3％を占める。流入地域でみると、広東省へ流入した人口が35・5％、以下、浙江省8・7％、上海7・4％、江蘇省6・0％、北京5・8％、福建省5・1％である」(1)。

特に、20世紀は「都市の世紀」とさえ言われたように、大都市が出現した。500万人以上の都市は1950年にはニューヨーク、東京、ロンドン、パリ、モスクワ、ブエノスアイレスのわずか5都市だけであったが、2005年には世界で49都市、このうちアジアに22都市があり、中国では上海、北京、広州、深圳、天津、重慶、武漢の7都市であった。

中国は都市を1級都市から5級都市に分類している。「1級都市」は直轄都市である北京、上海、天津、重慶市と広州（広東省）、深圳で、一人当たりGDPは1万ドルを超える。「2級都市」は人口が数百万人から1000万人の都市で省都クラスもしくはそれに相当する都市である。南京、瀋陽、昆明市などがこれに相当する。「3級都市」は人口100万人から数百万人の都市である。高層ビルは少なく、流通では地元資本が強い。「4級都市」は人口数十万人の都市で、一般に「県城」と呼ばれる。ビルは少なく、大型スーパーが進出したばかりである。「5級都市」は人口数万人の都市で、「郷」とか「鎮」と呼ばれる。中心部に小売店が集まり、店頭には商品が山積みされている。このように、「都市」といっても多様で、これらの都市を一括することには無理がある。

アメリカの都市社会学者サスキア・サッセンは『グローバル都市―ニューヨーク、ロンドン、東京』（第2版、2001年）のなかで東京、ニューヨーク、ロンドンの三大メガ都市に共通するものとして多国籍企業の中枢管理部門と金融センターの集積地としてグローバル経済の結節点が形成されることを指摘した。1986年には東京都長期計画（第2次）は「伸びゆく世界都市」としての「マイタウン東京」を発表し、政府の都市再生に呼応して「国際競争力のある都市の再生」を目指した。「世界都市」は、言うまでもなくグローバリゼーションといわれる現代の社会変化の産物である。加茂利男は「世界都市」の出現を踏まえ、「国家という封印を破って登場しつつある新しい社会単位は、都市やローカルな空間としての地域だけではない。都市よりも広く、時には複数の国家を包括する『リージョン』とよばれる大地域（ヨーロッパ、北アメリカ、東アジアなど）、国際社会をより広く秩序づける国際組織や国家連合（国際連合、国際通貨基金、ヨーロッパ連合など）も、この相互依存的な新しい世界を構成するアクターだろう」(2)と述べている。

北京や上海もグローバル化に伴い巨大都市（メガシティ）を目指して都市計画に取り組むこととなった。経済や消費市場などを考えるときは、これまでの行政区分よりも「都市」を拠点にしてみたほうがわかりやすい。北京、上海などの国際的な大都市を「メガシティ」と呼び、そのメガ都市を中心として広がる地域を「メガリージョン」という。新しい「経済単位」を主張する大泉啓一郎は「メガ都市を中心とした発展の領域が拡大し、それはさらに他の都市と連結することで一大経済圏を形成する傾向が強まっている。このような地理的に連続した広範囲な経済圏は、近年『メガリージョン』と呼ばれ、注目を集めるようになっている」(3)という。グレーター・ナゴヤを主張する細川昌彦は「21世紀はメガ・リージョンの大競争時代」(4)とさえ言う。

これまでのように企業など個々の主体（企業）と主体間の取引（線）の高度な結びつきだけでなく、さらに「行政的な単位を超えた、広域的な『面』（リージョン）の中で、水平分業的に生産活動がマーケットと一体となって発展（DEVEROPMENT）し、リージョン全体が継続的な成長エンジンとなることで自立・成長していく、という戦略が求められる」(5)。

人口が1000万人を超えるような巨大な都市が形成され、さらに周辺に都市化が進み市街地が拡大するのは2つの理由が考えられる。そのひとつは都市では就業機会や教育・医療などさまざまなサービスを受けられるからである。しかも、こうした機能の格差以外に都市と農村の所得格差もあり、農村部から都市に人口が集中する。中国では都市戸籍と農村戸籍の問題もある。第2にはグローバル化が進み、国内だけでなく海外の都市との競争も強まっているからである。高速交通鉄道や航空網の整備もこういう点から見るべきである。

前述したアメリカの都市社会学者サスキア・サッセンはすでに2001年にグローバル化時代の都市が「社会と空間の二極化」(6)をもたらすことを指摘しているが、その空間についても「グローバル化とは内部矛盾を抱えた空間を生み出す過程である」(7)と述べている。経済のグローバル化が進むと、グローバル資本にとって都市がますます重要な拠点となると同時に、周縁に追いやられる人びとが出てくるといえよう。

2　経済開放地域の形成

一般に、先進資本主義国では国内に統一市場が存在するのは当然のことであるが、発展途上国では市場経済は未発達である。もともと中国では地域保護主義が強く残存し、改革・開放政策を進めるとしても大きな障害であった。１９８０年代の市場経済化はあくまで計画経済を基礎としたものであり、対外開放地域は沿海部に限定されていた。１９８０年には広東省の深圳、珠海、仙頭、そして福建省の厦門の４カ所に経済特区を設置し、さらに１９８４年には広州、福州、上海、青島、天津、大連など14の沿海都市が開放された。１９８５年には長江デルタ、珠江デルタおよび閩南三角地帯が沿海開放区に、１９８８年には遼東半島、山東半島地域も沿海開放区に指定された。こうして、開放地域は点から線に、線から面に拡大され、全方位開放戦略がととのった。

対外開放政策が１９９０年代に入ると活発化するのは、１９９２年の鄧小平の南巡講話、１９９３年の中共第14期３中全会での「社会主義市場経済」が打ち出されたからである。従来の社会主義の特色である公有制、計画経済の文字が消滅した。１９９１年には経済発展10カ年計画と第８次五カ年計画推進のために「10大経済区」が設定された。この経済区は資源・原料と工業生産地区の合理的な配置であって、市場経済の視点から経済圏の必要性が生まれ、１９９２年には「7大経済地帯」が提案された。政府は地域保護主義を打破し、行政区画を超えた地域経済圏をつくり、国民済圏構想が志向されるようになった。国内経済の流れから遊離した従来の経済特区とは異なる経経済を統合する構想である。ところが、「政府の政策誘導だけで経済圏を作り出すことなど、そもそも無理な話であり、市場を通じて自然発生的に経済圏は形成されるものなのである。…こうして『7大経済圏』構想は頓挫した」(8)という。１９８０年代の経済特区が対外解放区の窓口であるとすれば、１９９０年代には華東地区、特に上海地域の開発が脚光を浴びてきたのは「特区の経済発展が内陸部へ発展していかない矛盾と限界」(9)を感じざるを得ない。

中国では1978年末から改革・開放政策が進められ、沿海部に外国の資本と技術が導入されたが、社会基盤の整備された北京や上海、広州などのメガ都市には内陸部から労働力が集中したので人口が増加し、巨大都市が形成された。さらに、これらメガ都市の周辺の都市と連携することによってメガリージョンが形成された。それが、北京・天津市、遼寧・河北・山東省で構成される「環渤海経済圏」、上海市を中心とする「長江デルタ経済圏」、そして広州市を中心とする「珠江デルタ経済圏」の3つである。環渤海経済圏と長江デルタ経済圏の規模はほぼ同じで、それぞれ人口は8400、7500万人であり、GDPは6900、6800億ドルである。珠江デルタ経済圏の規模はこれら二つの経済圏の規模より小さく、人口は3600万人、GDPは3900億ドルである。

3　従来型成長モデルの転換

改革・開放後の中国経済は年率10%を超えるような高い成長率を実現し、ついに中国のGDPは2010年には日本を抜き、アメリカについで世界第2位となった。2008年には北京でオリンピックを、10年には上海で万博、広州でアジア大会を開催し中国の存在を世界に知らしめることになった。いまや、中国経済の動向が世界経済を左右するとまで言われるようになった。

しかし、2008年には成長率が9・0%、2009年には8・7%となり、その後も8・5%前後で推移している。これまでの高度成長に歯止めがかかったのではなかろうか。言わば、中国経済は転機を迎えていると言っても過言ではない。中国の最大の輸出先である欧州の債務危機が深刻になっており、景気の低迷で輸出が減少しているからである。自動車や家電の販売減速、高速鉄道の事故による鉄道建設のペースも鈍化している。

中国の経済成長は輸出と投資という二つのエンジンをもち、両輪となって実現したものである。中国は従来の輸出主導型、公共投資重点の経済政策を内需主導型の経済に転換しなくてはならない。前述したように2009年の成長率は8・7%であったが、そのうち公共投資が8・0%、外需が3・9%、そして消費が4・6%であったことからもわかるように中国経済は公共投資主導型であって、これがいつまで続くかという問題がある。

政府は内需拡大のために国民が家電製品を購入するさいの補助、自動車購入税の減額などのために4兆円の予算を計上した。さらに、2009年の共産党大会では生産性の低い農業、荒廃する農村、困窮する農民に関する問題、いわゆる「三農問題」を重視する姿勢を打ち出した。(10)。農村改革を推進し、農民の収入を増加させ、地域格差を是正することとした。

成長モデルの転換は2000年代半ばからの課題である。2008年秋のリーマンショックで政府は4兆元（約50兆円）の景気刺激策を実施し、世界経済を牽引したが、負の遺産も残った。公共事業で国有企業が潤う一方、民間企業のウエイトは低下した。輸出依存度の高い労働集約型企業は温存され、環境汚染も進んだ。胡錦濤政権が掲げた「和諧社会」も道半ばである。

4　持続的な発展

中国経済の発展を支えたのは農村からの出稼ぎ労働者（農民工）であり、重要な役割を果たした。その数は1億5000万人とも言われている。彼らが食料を生産し、都市住民に大きな貢献をしていることが忘れられてはいないだろうか。しかし、農村から出稼ぎに出る人が増え、いまでは中国も農産物を輸入せざるを得ない状況である。かつて、レスターブラウンが『誰が中国を養うのか』という書物を出版して話題を呼んだことがあるが、もっともなことである。農民の言う言葉に「上（政府）に政策があれば、下（農民）に対策有り」と言われるように農民も考えざるを得ないのである。

政府は2005年に「第11次五カ年計画」を発表したが、そのなかで深刻になってきた環境問題などを踏まえ、「持続可能な発展」が強調されている。現代中国が抱える問題は数多い。中国は資源・エネルギーの確保、環境問題、少数民族の問題、教育レベルの向上、医療（中国では症状の軽い病気は治るのを待ち、重い病気は死ぬのを待つとよく言われる）、社会保障（一人っ子政策に伴う両親の世話、高齢化社会に伴う医療・年金など）などの問題の解決に迫られている。これらの問題に取り組み、持続的な発展を目指さなくてはならない。

最近、地方の農村に行くと、家の中に毛沢東の肖像画が飾られているのをよく見かける。毛沢東の時代のほうが良かったと思う人も多いという。

5　グローバリゼーションの時代

1989年11月9日、冷戦の象徴であった「ベルリンの壁」が崩壊した。1991年12月にはソビエト連邦が崩壊し、第2次大戦後、半世紀近く世界を分断していた東西冷戦構造に幕を閉じた。民主主義、市場経済、人権などの価値観を世界に広めて国際政治や経済を主導しようとするアメリカの覇権はいっそう強まった。グローバル資本主義の広がりで世界は相互依存度を強めることになった。ソビエト連邦・東欧の共産圏だけでなく、中国でさえもグローバル化の大きな波に飲み込まれ、新しい世界秩序が構築されようとしている。グローバル化時代の新たな主役として豊富な資源や労働力をテコに高い経済成長率を遂げるＢＲＩＣＳ（ブラジル、ロシア、インド、中国）は著しい経済発展を遂げている。なかでも、中国は経済成長率が10％を割ったとはいえ、世界各国が注目しており、各国とも相互依存関係が強まり、関わりをもたざるを得なくなってきた。いまや、世界は「グローバル化の時代」

である[11]。なお、水野和夫は「グローバリゼーションの『事実』とは『ヒト、モノ、カネの国境を越える自由な移動』であり、グローバリゼーションの『真実』とは、帝国システムをなす中心と周辺を結びつけるイデオロギーである」[12]と主張している。

水野和夫が指摘するこのような問題を踏まえた上で、地理学が「地域」を問題とする限り少なくとも空間的観点が欠かせない。ソ連邦崩壊以降、唯一の中心国アメリカがＩＴ革命と資産市場の活況に支えられながら、アメリカ型の市場経済と民主主義が全世界に浸透している状況を踏まえると、大野健一が「グローバリゼーションとは、その中心に位置する国の価値やシステムが追随や強制をともないながらそれ以外の地域へ伝播していくという、明確な方向性と階層構造をもったプロセスを指すのである」[13]という指摘はきわめて重要である。胡鞍鋼も「現在進行中のグローバル化については、歴史上どの時期よりも経済一体化の広域化が著しい」[14]と述べているように、「広域化」ということを強調している。この「広域化」とは空間（地域）的な面を言うものであり、地理学が課題とする「地域」の問題になる。したがって、グローバル時代の競争に勝ち残るために重要なこととして、そのひとつは「アジアの時代」にふさわしい国際化戦略であり、もうひとつは有能な人材をどう育成するかであろう。

中国政府は１９８０年代初頭に「珠江デルタ」の発展から、１９９０年代初頭には「長江デルタ」、１９９０年代末には「西部大開発」、２００３年には「東北振興」、２００４年には「中部勃興」を発表したが、すでに中国にはひとつの比較的大きい経済圏が現れたと言ってもよい。行政区域を基礎とする省範囲の経済モデルから区域経済に転換するはずである。区域経済は市場経済であり、資源配分を決定するのは行政ではなく、市場経済のルールである。グローバル化の進む現在、行政区の障害を打破し、「経済区内の各種資源を統合し、経済区がグローバルな地域経済競争の中で波及力のさらに強い経済圏に発展し、世界で最も活力のある経済区域になることができる」[15]。

今日、急激な勢いで進展し続ける情報通信革命と多国籍企業の展開によって地球は縮小し、世界はひとつになりつつある。貿易や投資の障害を取り除き、国境を越えて経済的な相互依存関係を強める動きは従来の国民経済の枠組みを壊しつつある。いまや、「国家や世界という地理的空間以外に、国内の地方や国境を越えて形成される地域が重要な意味を持ちつつある。…冷戦の終結によって、世界を分断していた境界線が急速に相対化する一方で、新しい地域や小地域の間の社会関係の凝集が認識されるようになり、新たなアイデンティティが形成されつつある。それは境界線の引きなおしであるとともに、それぞれの境界線の相対化でもある」(16)。

現代世界の特徴として、社会主義経済圏と冷戦構造の崩壊が挙げられよう。その結果、経済活動のグローバルな展開と地域経済圏の形成という相反する現象がみられる。世界にはすでにいくつかの地域的な経済圏が存在する。ヨーロッパではEUを中心に経済統合が進展し、市場統合から通貨統合を成功させ、経済的にはすでに欧州経済地域（EEC）を形成している。アメリカでは北米3カ国による自由貿易協定（NAFTA）が、東アジアではASEAN（東南アジア諸国連合）自由貿易地域（AFTA）がある。

東アジア地域では日本を中心に中国、韓国、台湾、ASEAN諸国の経済発展が目覚しく、太平洋を介して南北アメリカにも及び、アジア太平洋経済協力閣僚会議（APEC）がある。「東アジアにおける相互依存関係の進展は、各国・地域間で一つのまとまった経済協力地域を形成する方向にあり、上述の生産諸要素が激しく移動し、国際分業が国境を越えて成立するという、相互にリンクされた経済空間としてあらわれる」(17)という。日本の九州と韓国、中国東北地方の間には環黄海経済圏、台湾と中国の福建省との間には両岸経済圏、香港と中国の広東省の間には華南経済圏など自然発生的な局地経済圏が形成されつつあり、相互依存関係が強まっている(18)。

発展途上国は市場経済を根付かせるための国内の改革と国際統合によるさまざまな問題に対応せざるを得ない。戦後、アメリカに追いつき、追い越すという立場をとったのが日本である。アジアでは日本をアジアNICSが追い、さらにアジアNICSをASEANが追うという経済発展のメカニズムが働いた。これが渡辺利夫のいう「重層追跡過程」（雁行発展論）である。日本を中核としたアジアNICSとASEAN諸国の成長について篠原三代平は「輸出主導型と投資主導型の成長が結び合い、輸出・投資が相互にフィードバックしながら好循環的な累積的発展が出現した」(19)という。「アジア相互依存の時代」(20)とさえ言われるような時代の到来である。その結果、アジア太平洋地域に「環太平洋圏」(21)を思わせるような動きが出てきた。

中国は「東アジア共同体」構想を発表し、ＡＳＥＡＮ諸国に積極的にアプローチしている。かつて、日本の鳩山総理も東アジア共同体構想を発表したことがある。最近、アメリカのオバマ大統領もアジア重視の政策を打ち出している。いま、「世界の中国」と言われる中国の力量が問われるときがやってきた。「東アジア共同体」構想は欧州連合（ＥＵ）と対比して語られることが多いが、欧州が積み上げてきた地域統合はアジアの「共同体」とは似て非なるものである。欧州では１９５１年にドイツ、フランスにイタリア、オランダなど6カ国が加わった「欧州石炭鉄鋼共同体」（ＥＣＳＣ）が誕生し、これが現在のＥＵの母体である。戦略物資であった石炭と鉄鋼を共同で管理するという発想が根底にあった。

アジアには経済統合の基礎に紛争を封じ込めるという考えがあるわけではない。アジアには域内貿易の増大という経済の実態があって、これを政治的に統合するというものにすぎない(22)。アジアの場合、政治的統合は東南アジア諸国連合（ＡＳＥＡＮ）以外には大きく展開していないが、企業や市場が主導して事実上統合が進んでいる。日本、韓国、中国およびＡＳＥＡＮ10カ国の域内貿易比率はすでに58％までに達している。１９９０年の域内貿易比率が40％だから20年余りで20％近くも増加したことになる。

中国とＡＳＥＡＮ主要6カ国は２０１０年1月、自由貿易協定（ＦＴＡ）に基づいて双方の貿易品目の9割を超える約７００品目の関税を撤廃し、貿易を拡大してきた。その後、貿易量は年々伸びているが、２０１５年までに10年比で38％増の５０００億ドル（約38兆円）とする目標を立てている。中国はＡＳＥＡＮ各国を結ぶ鉄道や高速道路などインフラ整備を急ぐほか国境地域に工業団地を設置する計画である。

１９８０年代に入ると、「アジア太平洋地域」が出現することとなったが、猪口孝は「そのひとつはこの地域の経済がアメリカ経済とのつながりを強めたことである。もう一つは、日本、韓国、そしてフィリピンとアメリカとの戦略的統合が強まり、もう少し緊密度は弱いが、タイ、台湾、中国、そしてオーストラリアとアメリカとの結びつきも強まったことである」[23]という。少なくとも、日本と中国は次第に一体化してきている。日本の最大の輸出国は中国で輸出額の19％余りを占め、アメリカのシェアーを4％も上回っている。少なくとも経済的には日米関係よりも日中関係のほうが大きくなっている。東アジア共同体構想が語られているが、そうした方向に進んでいるようである。グローバル化が進む現代では国境を越えて活躍する優れた人材の育成が欠かせない。

注

(1) 田雪原・王国強編・中国人口学会著、法政大学大学院エイジング総合研究所訳『中国の人的資源』法政大学出版局、2008年、178～179頁
(2) 加茂利男『世界都市―「都市再生」の時代の中で』有斐閣、2005年、7頁
(3) 大泉啓一郎『消費するアジア』中公新書、2011年、78頁
(4) 細川昌彦『メガ・リージョンの攻防』東洋経済新報社、2008年、30頁
(5) 国土審議会広域自立・成長政策委員会資料「世界の構造転換期のメガリージョン戦略」2009年、5頁
(6) 西川潤『グローバル化を超えて』日本経済新聞社、2011年、259頁
(7) サスキア・サッセン著、田淵太一・原田田津男・尹春志訳『グローバル空間の政治経済学』岩波書店、2004年、57頁
(8) 加藤弘之・久保亨共著『進化する中国の資本主義』岩波書店、2009年、133頁
(9) 河地重蔵・藤本昭・上野秀夫『現代中国とアジア』世界思想社、1994年、170頁
(10) 三農問題の提唱者である中国人民大学の温鉄軍著・丸川哲史訳『中国にとって農業・農村問題とは何か?』作品社、2010年、は人口が多く、資源が不足する中国が、短期間に工業化を達成するために選択したのが、人民公社に余剰労働力を集中し、農業で蓄積した資本を工業に投入する方法であったとして、温氏はこれを社会主義という名の下に行われた「国家資本主義」だと指摘した。
(11) 中藤康俊編『現代中国の地域構造』有信堂、2003年、165～186頁

(12) 水野和夫『終わりなき危機　君はグローバリゼーションの真実を見たか』日本経済新聞社、2011年、8頁
(13) 大野健一『途上国のグローバリゼーション』東洋経済新報社、2000年、iii頁
(14) 胡鞍鋼著・王京濱訳『経済大国　中国の課題』岩波書店、2007年、132頁
(15) 日本経済研究センター・清華大学国情研究センター編『中国の経済改革』日本経済新聞社、2006年、168頁
(16) 小林誠・遠藤誠治編『グローバル・ポリティクス』有信堂、2000年、18頁
(17) 河地重蔵・藤本昭・上野秀夫共著『現代中国経済とアジア』世界思想社、1994年、258頁
(18) 中藤康俊『環日本海経済論』大明堂、1999年、金弘汎『中国経済圏』サイマル出版会、1995年、渡辺利夫編著『局地経済圏の時代』サイマル出版会、1992年
(19) 篠原三代平『経済大国の盛衰』東洋経済新報社、1982年、44頁
(20) 渡辺利夫・梶原弘和・高中公男『アジア相互依存の時代』有斐閣、1991年
(21) 江口雄次郎・碓井彊『環太平洋圏の時代』亜紀書房、1988年
(22) 日本経済新聞社編『アジア　地域統合への模索』日本経済新聞社、2001年、木村福成・鈴木厚編著『加速する東アジアFTA』ジェトロ、2003年、朝日新聞経済部『ブロック化する世界経済』朝日新聞社、1992年
(23) 猪口孝編著『アジア太平洋の戦後政治』朝日新聞社、1993年、30頁

第Ⅱ部

メガリージョンの形成

第4章　環渤海経済圏の形成

1　環渤海経済圏

渤海湾の沿岸をひとつの経済地域とみなし、「環渤海経済圏」と呼ぶことがあるが、これを実質的には北京を中心とする「首都経済圏」とみなしてよい。地域経済の協調発展戦略を促進することは、第12次5カ年計画期間の重要な戦略であり、「小康社会」を全面的に建設することが重点である。そのため、第12次五カ年計画要綱では「京津翼（北京、天津、河北）、長江デルタ、珠江デルタ地区の地域経済の一体化した振興をはかり、首都経済圏をつくり、河北沿海地区、江蘇沿海地区、浙江舟山群島新区、海峡西岸経済区、山東半島藍色（ブルー）経済区などの地域振興を重点的に進め、海南の国際観光島を建設する」(1)として「西部大開発を深く推進し、東北地方等旧工業基地を全面的に振興し、中部地域の興隆を大いに促進し、東部地域の率先発展を積極的に支援し、東部・中部・西部が相互に影響し、優位を相互補完し、共同発展する構造の形成を推進しなければならない」(2)という。

環渤海経済圏は北京、天津、青島、大連などを含む地域であるが、その中心都市が北京であることは言うまでもない。北京には2つの顔があるという。国家（中央）の首都としての顔と経済都市としての顔である。上海が国際金融センターであるとすれば、北京は大首都経済圏ないしは国際総合産業革新センターであるという。環渤海経済圏は「一つの経済圏として統合を図り、経済発展のスピードを高めていくことによって、中国北方経済発展の『起爆点』となる」(3)。

天津市は600年前の明の時代に江南の食料を北京に運ぶ水路の建設から始まった。中国では10大歴史・文化都市に数えられる歴史のある都市である。現在、1000万人を超える市民が暮らす都市であり、北京、上海、重慶と並ぶ中央4大直轄都市のひとつである。ただ問題は、珠江デルタ地域や長江デルタ地域では地域内で産業ネットワークが形成されているが、環渤海地域では「先行する2地域のような圏域内の産業ネットワークは形成されていない」(4)ことである。今後、地域内の産業集積を高め、相互関連性を高めることが課題である。

2　天津市の地盤沈下

天津市は1980年代半ばまでは北京、上海と肩を並べるほど中国有数の大都市で、産業、商業、海運、鉄道などの分野で大きな位置を占めていた。たしかに、現在、天津は中国の4つの直轄市のひとつではあるが、1980年代の後半から改革・開放の波に乗り遅れ、地盤沈下の激しい都市のひとつになってしまった。「大産業都市を目指す北京の都市づくり方針が、天津の地盤沈下という最悪の結果を招いた一面もあったのではないかと広く指摘されている」(5)という。2008年には、北京と天津を結ぶ高速鉄道が開通したが、わずか40分という近距離のため、天津から北京に通勤する人も増えており、ますます天津は中国にひきつけられている。

北京と天津の都市間連携はきわめて重要であるが、「北京と天津はそのよう

写真 4-1　高速鉄道の発着駅・天津

な連携関係を築いていない。合理的な分業体制ができていないため、経済的実力が似通っている二つのマンモス大都市は利益の衝突に頭を抱えている」(6)という。

中国経済をさらに発展させるために政府は2005年に発表された第11次5カ年計画（2006~2010年）で天津浜海構想を発表した。政府は当初黒竜江、吉林、遼寧の3省からなる東北も青島、煙台、威海などの都市群からなる山東半島などに期待していたが、なかなかその成果が現れなかったからである。天津市が首都北京の玄関口として発展してきたのは優れた港湾の機能であったが、水不足に悩まされてきた。今後、南水北調計画によって水不足も解消されるものと期待されている。

3　世界都市・北京の都市問題

膨張する北京

北京はしばしば1600万人を超える「世界の大都市」だと言われていたが、まず北京首都国際空港に降りたときスケールの大きいのに驚かされる。市内を流れる道路、自動車、車窓から眺めるとビルやマンションの多いのにびっくりする。バスや地下鉄で郊外に出ると、どこでも建設ラッシュである。北京ではオリンピックを契機に開発が進んだが、さらに今まさに「膨張する北京」の光景である。

新京報（2011年4月30日）は北京市の人口は1961万人と報じた。2008年末には1695万人であったが、翌2009年には60万人増加して1755万人となった。3年続けて年間増加数が50万人を超えたことになる。1年間の人口増加数が50~60万人というと、中国では中規模の都市になるが、北京では毎年中規模の都市が一つずつ増えていることになる。増加する人口の多くは農村から出稼ぎに来る流入人口である。北京戸籍の市民のうち4分の1は流入人口である。

北京市の「第11次5カ年計画」では市内18区県を首都機能核心区、都市機能開拓区、都市発展新区、生態育成発展区の4つに分けている。人口増加の著しいのは市の中心部を取り巻く都市機能開拓区と呼ばれる朝陽区、海錠区、豊台区、石景山区である。人口の増減から「中心市街区の衰退」(7)が指摘されている。

流入人口が増え続けると、居住環境が悪化し、資源と環境負荷との矛盾が深刻になり、公共サービスの負担が大きくなるばかりか一部には仕事が不安定で生活の不安が出て社会問題になりかねない。こうしたことから北京市当局も「持続可能な発展のためには人口規模の無制限な膨張を認めるわけにはいかない」という立場である。北京市都市計画委員会主任の黄艶も「人々は急速な成長ではなく、むしろ持続可能な発展や開発を望むようになった」(8)という。それにもかかわらず、最近の北京市では人口増加を抑制するよりも居住環境のためにインフラの整備が進められていると言っても過言ではない。

環状道路・地下鉄の建設

中国では都市を「城市」というのは、昔の都市が城壁で囲まれていたからである。北京も同じであって旧市内と旧市外は城壁で分けられていた。内城が皇帝や貴族、官吏を中心とする支配と権力の世界であったとすれば、外城は庶民の欲望が渦巻く文化と享楽の世界であった。旧城壁跡にほぼ沿う形で建設されたのが高速道路の「一環路」である。市街地の拡大とともにその外側に、さらにその外側にと次々と環状道路（環路）がつくられてきた。オリンピックの誘致に成功した2001年当時には、四環路の外側は郊外であり、オリンピック会場のあたりは農村であった。ところが、その後に「五環路」「六環路」と完成し、今ではここまで市街地が拡大し、高層マンションの建設が進んでいる。

北京では自動車の登録台数が1年間で75万台も増加し、470万台となった。自動車の増加に道路や駐車場など

写真 4-2　北京市内の交通渋滞

のインフラの整備が追いつかず、毎日深刻な渋滞が繰り返されている。そのため、北京市内の「バスの平均時速は20世紀１９７０年代は30km、20世紀１９８０年代は20km、20世紀１９９０年代は10~30km、現在は10kmぐらいで、すでに自転車の平均スピードの12kmより遅くなった」[9]という。朝夕のラッシュアワー時の渋滞はすごく、事故が起きないのが不思議なくらいである。これだけ渋滞が繰り返されていても大型の乗用車が多く、軽自動車はほとんど見られない。道路はクルマで埋まっており、日本と違ってヒトよりもクルマが優先である。北京では渋滞を少しでも緩和するためにバスの料金はわずか1元、地下鉄の料金は2元と特に安くしてあるが、それでも渋滞は緩和されない。それどころか、ますます渋滞がひどくなっているようである。

環状道路の建設と並行して地下鉄の建設も進められた。２００１年当時には、北京市の地下鉄といえば市内を東西に走る「1号線」と二環路に沿って走る「2号線」だけであったが、現在では北部の「13号線」、南北に走る「5号線」と「4号線」、1号線の東部への延長として「8号線」、北京首都国際空港と市内を結ぶ「空港線」、三環路にほぼ並行して走る「10号線」、さらにはオリンピック公園に直結する「五輪支線」もオリンピックに向けて完成した。こうして２００８年に開催された北京オリンピックにむけ環状道路や地下鉄の建設が進められたのは北京市の急激な人口増加と市内はもちろんのこと、さらには北京市と郊外を結ぶ自動車の増加が背景にある。

２０１０年12月には5路線が同時に開業し、14路線、３３６kmに達した。２０１２年までに全長４２０kmまでに路線を拡張する計画であり、さらに、２０１５年には19路線、総延長５６１kmの地下鉄が完成することになる。まさに世界最大級の地下鉄ネットワークが完成することになる。２０１０年12月に開業した昌平線は13号線の西二旗駅から延伸したものであるが、外交学院が２０１１年９月に移転する予定の沙河高教園駅周辺は大学町として整備が進められており、外交学院のほかには中央財経大学、航空航天大学などが移転する予定である。このあたりはもちろん昌平線一帯は農村地帯であり、いま一挙に街になりつつある。農地の中に豪華なマンションが立ち並びつつあるが、そこには昔のままの哀れな住宅も残っている。大学を移転させても周辺の環境が整備されるまでにはかなりの時間がかかるのではなかろうか。

２０１１年６月23日夕方、北京市は増水期以来最大の降雨に見舞われて大量の水があふれ、交通渋滞をきたすとともに一部は地下道に流れこんだ。地上には無数の高層ビルが立ち並び、表面的には大都市に見えるが、脆弱な都市基盤を露呈した。

南水北調

中国の水不足は深刻で農業や工業生産だけでなく、ひいては社会や政治さえもゆるがしかねない問題である。経済の改革・開放とともに沿海部の都市では生活用水の需要が急増し、水源や水道の整備が追いつかず、水不足が続いている。工業地帯の多い沿海部では水質汚染が止まらない。政府は節水や水質保全などの対策を呼びかけているが、効果は出ていない。中国では「水資源問題は、中国が持続的な発展を達成するうえでの制約要因となりつつある。とくに、中国では、近年の人口増加や経済高成長により水資源の希少性が強まっており、都市化と特定地域への産業集積が、水資源の不足や水質汚染を深刻化させている」(10)。水問題が中国の経済発展の足かせとなってきた。

北京市は特に水不足が深刻で、「北京砂漠」とさえ言われるほどである。一人当りの水資源の保有量は全国平均のわずか６分の１しかなく、中国南部から水を北京に送る「南水北調」計画という巨大なプロジェクトが進められている。毛沢東の時代に計画が出されたが、文化大革命などの混乱と資金不足で一時は暗礁に乗り上げたが、北京の深刻な水不足のために復活したものである。現状では国内の河川から取水し、中央、東、西の３ルートが計画されているが、国際河川から取水する計画もあり、そうなると国際的な紛争になりかねない。

北京には大河がなく、水資源の多くを降雨に頼っている。年間降水量の3分の1が雨期の降水であるが、2010年には例年のわずか25％という少ない降水量で1996年以来最低であった。雨水以外の水源として依存しているのは地下水であるが、北京市の3分の2を支えている水源である。しかし、過剰に取水すると、水位の低下で地盤沈下の原因ともなりかねない。問題の解決には現在のところ節水しかないようである。

住宅不足

中国では改革・開放以前は計画経済であったので住宅は職場（単位）による配分方式であった。住宅が必要であれば職場から配分を受けるしかなかった。職場では労働者の年齢、勤務年数、職務、家族数などを考慮して配分された。しかし、住宅が商品として購入できるようになったのはここ20年ぐらいのことである。1990年代半ば頃から中国は住宅政策を改め、職場にあった共用の住宅を原価計算して従業員に売り、新築の住宅も市場価格をもとに販売価格を決め、販売するようになった。50年近く続いてきた住宅の分配制度は廃止された。しかし、改革・開放後も「住宅資産の形成において、所属する『単位』の行政的位階は重要であり、その意味で『単位』社会主義は単純に解体しているのではなく、市場化の過程で再編成されている」(11)という。1998年からは国務院の「都市住宅制度改革の一層の深化と住宅建設加速に関する通知」によって、中国の住宅政策はそれまでの福祉的な住宅分配制度が撤廃され、貨幣化への道が推進された。その結果、商品住宅の建設が急速に拡大した。しかし、商品住宅の建設が投機の対象になって住宅価格は高騰し、一般庶民には「小さな家はないし、大きな家は買えない」と言う悲鳴が聞こえるほどである。

一般に、中国では住宅価格は勤労者世帯の年収の約10倍以内なら購入可能だといわれるが、それ以上だとなかなか容易ではない。北京や上海などの大都市では住宅価格はすでに20～30倍にも上昇している。北京市や上海市など大都市を中心に各地で不動産価格が急騰したのは2003年頃からである。不動産価格は全国主要70都市全体で2010年4月には前年比12・8％上昇した。2005年7月以来最大の上昇幅で、2カ月連続で更新した。一般に、中国では固定資産投資（建設投資と設備投資の合計）のうち不動産向けが2割を占め、その動きは景気に大きな影響を及ぼすといわれる。政府は投資目的の住宅購入を厳しく規制しているものの、住宅価格はうなぎのぼりである。不動産バブルは一向に収まらない状況である。

日本経済新聞（2011年12月23日）には、次のような記事が載っていた。「中国人民銀行（中国銀行）が22日発表した4半期に1度の都市住民へのアンケート調査で『住宅価格が高すぎる。受け入れがたい』と答えた人の割合が72・9％に達した。2009年の調査開始後で最高だった前回の75・6％よりは低下したが、家を買えない国民の不満がなお根強いことを浮き彫りにした」という。

住宅制度や土地制度の改革、金融制度の改革によって不動産業は飛躍的に発展した。中国人の伝統的な考え方では、家や土地を持って安住することが人生の目標でもあった。しかし、最近の若者の考え方は決してそうではない。市内や郊外にはさまざまな住宅やマンションが立ち並び、住宅ローンを借りて手に入れる若者も少なくない。北京市は住宅事情を改善するため、都市の改造と住宅の建設に力を入れている。しかし、最近は不動産バブルの影響で住宅価格の値上がりが激しく一般市民が便利の良いところに住宅を手に入れるのは難しくなり、自ずと郊外に移住せざるを得ない状況である。人口の増加が都心よりも郊外のほうが高いのはそのためである。しかし、住宅を購入できない市民の多くは狭い住宅で我慢せざるを得ないのが実情である。

こうした住宅政策も都市部の住民のみであって出稼ぎ労働者（農民工）には無縁のものである。戸籍制度により出稼ぎ労働者は住宅の購入ができないし、賃貸住宅への入居資格もない。それどころか、子供の教育や社会保障の面でも差別を受けている。2010年12月30日に北京市東部の朝陽公園で約500人の労働者が住宅政策に対する抗議行動を行ったのは言うまでもない。

日本経済新聞（2012年1月19日）によれば、中国国家統計局の発表では2011年12月の主要70都市の新築住宅価格指数は（低所得者向けを除く）は52都市で前月に比べて下落し、値下がりした都市の数は11月より3つ増え調査対象の4分の3に広がったという。北京市郊外の大規模マンションのモデルルームでは2月上旬、販売員の女性が「半年前の1㎡当たり2万元（約25万円）が、今は1万4000~1万5000元だ」(12)と言う。バブルといわれた住宅価格が下がり始めている。しかし、価格が急落すると、大量の不良債権が発生し、成長が鈍化している中国経済に大きな打撃となりかねないので政府は住宅の取引規制を緩めない方針である。

北京市民の生活

筆者は北京・外交学院の定期試験が終わり、休みに入ったので帰国するため2011年1月18日朝6時まだ夜が明けない頃、寒い中を北京空港に向かった。およそ1カ月日本に滞在して2月19日再び北京に戻った。12月、1月のあの厳しい寒さがウソのように穏やかな天気であった。12月、1月の北京は朝から1日中強い風が吹き荒れ、寒さと風で外に出るのは大変であった。今まで経験したことのない厳しい冬であった。この頃はかなり穏やかな天気が続いているが、暖かい春はまだまだ先のようである。

筆者は黒色のコートを着ていたが、女性の中には赤色や黄色の派手なコートを着ている人もいた。最近、その訳がやっとわかった。北京では人よりもクルマが優先され、時には横断歩道でもクルマは止まらないこともある。極端に言えば、北京では信号は赤でも渡れるときに渡るといっても過言ではない。クルマが多いのでそうせざるを得ないのであろうか。そういう時に赤色や黄色のコートは運転手の目につきやすく、安全である。特に、朝早い時とか夕方のラッシュ時には交通事故に遭う危険性が高いからである。クルマが多いだけでなく、スピードが出ているので危険である。中国ではいまクルマが増えているが、北京ではこれ以上クルマが増えることを抑えるため、2011年から新車登録を許可しないことになった。

北京では女性が結婚するとき、数年前までは「高学歴で、身長が高くて、給料の高い人」ということが条件であったが、最近では「家があり、クルマがあって、高額の預金のある人」ということが条件だそうである。そうであれば、クルマが増えるのは当然であろう。しかも、郊外に住宅を持てば当然クルマを持たざるを得ないことになる。拙稿（『地理』２０１１年３月）で北京市の人口が郊外で大幅に増加していることを報告したが、住宅事情とクルマ社会がその背景にあると言ってよかろう。

市民の生活時間

北京の朝は早い。さまざまな人が朝５、６時頃から動き始める。そして、夜遅くまで誰かが働いている。夕方、下水道の工事を始めていると思うと、翌日の朝には工事は終わり、舗装されている。農村からの出稼ぎの人たちが働いたのだろうか。北京では誰かが役割を果たしている。ところが、どこかに欠陥がある。それでも格好はついている。とにかく、不思議な国である。

２００９年３月19日の北京市統計局「北京市民時間利用状況報告」（インターネットによる検索結果）によれば、２００８年の市民の平均労働時間は１日５時間55分で、20年前より43分短くなった。男性の平均労働時間は６時間３９分で、女性の５時間40分より59分長い。家事労働では男性が１日平均１時間23分で、女性は３時間11分と女性のほうが圧倒的に多いことがわかった。食事に費やす時間は１日平均１時間42分で20年前の１・４倍に、健康や美容に費やす時間も20年前の１・５倍の55分であった。生活水準の向上により健康や美容に多くの関心が払われるようになったことがわかる。また、自由時間は１日平

写真 4-3　結婚式を終えた新郎・新婦

均４時間21分で20年前より22分増加した。自由時間のうちテレビを観る時間が１時間55分で、運動する時間が28分、インターネットを使う時間が32分であった。

住宅が郊外に増えたことと交通渋滞で北京市民の通勤時間は１日平均約70分で、20年前と比べると、16分長くなったことがわかる。通勤時間が長くなったことで生活時間の中で市民は睡眠時間を減らすか、そのほかの時間を減らすとかして何らかの対応をしている。市内の地下鉄など交通の要所にはたいていマクドナルドやコンビニがあり、利用する人も多い。

それにしても、北京市民の労働時間が１日平均５時間55分とは驚いた。日本人はよく働くと言われるが、喜ぶべきか、悲しむべきか一度考えなおす必要があろう。しかし、一般市民に聞いてみると、そんなはずはない、データの取り方に問題があるということであった。

高騰する物価

１９８７年に筆者が遼寧大学に留学した頃は、農家の人が歩道で野菜や果物を売っている店が並んでいた。今はもうこういう光景は見られない。スーパーでは綺麗な野菜や果物がたくさん並べられているが、値段が高くて一般庶民には買えないらしい。

筆者は北京の外交学院にいた間、しばしば近くのイトーヨーカドーというスーパーに買い物に行った。いま、市民の最大の関心事は物価の高騰のようである。２０１１年１月の消費者物価指数（ＣＰＩ）は前年同月より４・９％上昇した。値上がりの中心は食品であり、豚肉はその象徴的な存在である。中国国家統計局の発表によれば、２０１１年の消費者物価指数は上昇率が前年比５・４％と３年ぶりに高水準を記録したという。同年12月の食品類の上昇率は９・１％であったが、豚肉は21・３％の高い上昇となった。北京の食品市場では卵が１kgで10元程度である。包装の違いなどもあり、単純には比較できないが、スーパーでは６、７倍することもある。

中国では2012年には、ファーストフード大手のマクドナルドなどアメリカ系企業の外食チェーンで値上げが相次いでいる。主力商品のビッグマックセットを17・5元（約210円）から18・5元に引き上げた。スターバックスも主力商品の「ラテ」をサイズにかかわらず1杯、2元値上げした。2007年以来の値上げである。食材、人件費などの上昇を価格に転嫁せざるを得なくなっているからである。従業員の最低賃金は北京市が1月から約8・6％引き上げた。2010年の20％、11年の20・8％よりは引き上げ幅は小さいが、企業の負担は増える一方である。大手企業の値上げによって中小も追随する可能性もある。野菜や肉類の上昇が続いており、外食産業の値上げは市民生活に大きな負担になりかねない。

食品の安全性にこだわると、値段は一般庶民にとっては手の届きにくいものになる。原油や飼料の国際価格の上昇、伝染病による被害など原因は複雑多岐にわたる。値上がりで所得の低い人びとの生活により重く響く。預金金利が物価の上昇率を下回る事実上の「マイナス金利」の状態が続いている。庶民の不満は高まるばかりで、政府への視線も厳しい。政府は農民の収入を増やすため農産物の買取り価格を引き上げながら、労働者の最低賃金もアップさせてバランスをとろうとしているが、物価の上昇に対して収入の増加の実感が追いついていないのが実情である。

国家統計局が公表した「2011年上期の消費者物価指数は前年同期比で5・4％上昇し、そのうち食品価格は同11・8％も高騰した。そもそも低所得層の家計は食品関連の支出が多く、エンゲル係数が高い。食品価格の高騰は、低所得層の家計に大きなダメージを与える」(13)。

温家宝首相は全国人民代表大会を前に「急激な物価上昇は国民生活や、特に社会の安定に影響を及ぼす。共産党や政府は、常に全般的に安定した水準に維持することを重視している」と述べた。さらに、2011年3月5日から始まった共産党の第11期全国人民代表大会では、「日本を抜き世界第2位の経済大国となった中国であるが、国内総生産（GDP）を最優先してきた結果、貧富の格差や環境汚染等の発展に伴うひずみも深刻化し、国民の不満は高まっている」として、「バランスのとれた発展」を目指すことが強調された。最近は、物価の値上がりだけでなく、医療費や教育費の負担も一般市民には大きな負担になっている。

環境問題

北京には大きな川がないので環境問題として取り上げなくてはならないのは大気汚染であろう。毎朝、起きると空が曇っているので今日は雨が降るのかなと思っていると、昼前頃から晴れてくる。ヘッドライトをつけて走る車も多い。やはり、空気が汚れているのだろう。それに、市内のあちらこちらで再開発が進んでいて大気の汚れはひどい。駐車場に止めてある車はほとんどが汚れており、手で触るとかなりの土が溜まっているのがわかる。クルマの洗車はめったにしないから綺麗になるはずがない。雨が降れば少しはクルマもきれいになるはずだが、北京ではほとんど雨が降らないのでクルマが洗われることはない。ときおり、強い風がふくとゴミやホコリを巻き上げる。空気が汚れるのもムリはない。

中国では急速な工業化、モータリゼーションの進展に伴って工場の煙突から出る煙や車から出る排気ガスが急増し、大気汚染の問題が深刻になってきた。日本でも高度経済成長期に大気汚染に伴う問題が浮上したが、中国が現在引き起こしている大気汚染の問題は当時の日本とは比較にならないほど深刻である。世界の中でも特に砂漠化の問題が深刻なのは中国である。２０１１年12月５日、中国北部で濃霧が発生し、北京空港発着のフライト数百便に欠航や遅れが出た(14)。「砂漠地帯は毎年広がり続け、いまでは北京郊外70㎞のところまで砂漠が迫ってきている。このままのペースで砂漠化が進行していけば、いずれ北京までもが砂漠にのみこまれてしまう恐れがあるのだ」(15)とさえ言われる。

北京市当局はこれまで直径の大きい粒子物質ＰＭ10の数値を基にした指数や汚染評価だけを公表し、数値自体は明らかにしてこなかった。ところが、最近大気汚染の指標として国際的に注目される微小粒子物質「ＰＭ２・５」の測定値の公表を始めた。これまでの公表データは汚染の深刻さを感じる市民の感覚とかけ離れていた。

２００９年12月、デンマークのコペンハーゲンで「国連気候変動枠組み条約第15回締約国会議」（ＣＯＰ15）が開催された。２００８～２０１２年までの地球温暖化対策の国際的な枠組みとしては「京都議定書」がある。しかし、二大二酸化炭素排出国である中国、アメリカなどに削減の義務が課されていないのでその効果は限定的なものにとどまっている。二酸化炭素の排出量のうちアメリカは世界の22・1％、中国は19・2％を占める。

オリンピックを契機として北京の市街地も整備され、きれいになったといわれる。運河や河川の再生を大規模に進めてきた。その代表的な事例は転河である。かつては皇帝がこの水路を利用して夏の離宮や西山に赴いていたという。１９７０年代には都市開発によって埋め立てられたが、２００２年には新たな転河が復元された⒃北京動物園や頤和園に舟で行けるようになったし、川沿いにはマンションが立ち並び、その景観はすばらしいものである。

写真 4–4　転河沿いのマンション（北京）

ただ、感心するのは道路のゴミを拾う仕事をする人を見かけることが多くなったことである。これは、オリンピック以降のことであるらしい。電車やバスに乗っても筆者を老人と思うらしく席を譲ってくれる若者が増えたようである。オリンピック以降、市民のマナーが良くなったと言われるが、本当にそう思うときがある。教育の成果もあるようである。日本の東日本大震災のとき、落ち着いて整然と秩序よく行動する日本人を見て中国のテレビが一斉にほめたたえたが、北京でも徐々に市民がマナーを身につけてきたようである。

しかし、街を歩く人の中には唾を吐くとか、ゴミを捨てる人がいる。大きな口を開けてアクビをしながら歩く人もいる。バスや電車の中で大きな声で話している人もいる。日本人からすれば、不思議に思われても仕方がない。

注

（1）田中修『2011～2015年の中国経済』蒼蒼社、2011年、255頁
（2）田中修『2011～2015年の中国経済』蒼蒼社、2011年、166頁
（3）総合研究開発機構『中国首都経済圏の発展のあり方に関する研究』NIRA研究報告書、1998年、123頁
（4）野村総合研究所社会産業コンサルティング部『中国第3の波』日経BP企画、2006年、36頁
（5）莫邦富『莫邦富が案内する中国最新市場22の地方都市』海竜社、2010年、57頁
（6）莫邦富『莫邦富が案内する中国最新市場22の地方都市』海竜社、2010年、58頁
（7）魏后凱等著『中国区域政策』経済管理出版社、2011年、167頁
（8）朝日新聞、2011年10月27日
（9）魏后凱等著『中国区域政策』経済管理出版社、2011年、159頁
（10）柴田明夫『日本は世界一の「水資源・水技術」大国』講談社、2011年、166頁
（11）佐藤宏『所得格差と貧困』名古屋大学出版会、2003年、187頁
（12）読売新聞、2012年2月18日
（13）柯隆「『国進民退』が加速する中国経済」VOICE、2011年10月号
（14）インターネット、NEWSWEEK、2011年12月6日
（15）門倉貴史『中国経済の正体』講談社、2010年、121頁
（16）吉川勝秀編著・伊藤一正著『都市と河川』技法堂出版、2008年、205頁

第5章　長江デルタ経済圏の形成

1　国際都市・上海

上海市の概要

上海の街は清国から中華民国を経て第2次世界大戦まで約100年もの間欧米列強の租界地という半植民地に置かれた歴史的な事情が左右しているといえよう。1921年にフランス租界の一角で中国共産党の第1回大会が開かれたのも必然的なものを感じさせられる。中国という広大な国の窓口となった上海は20世紀初めには「東洋のパリ」とも呼ばれるほどの世界屈指の大都市となった。1927年には特別市、30年には直轄市となった。上海の中心部に若者でにぎわう「新天地」というニュー・スポットがある。「東洋と西洋」「新と旧」が上海の外灘に立っていると感じられる。上海随一の繁華街、南京路を歩いている人を見てもそう感じられる。その上海が大きく変わったのは改革・開放政策によるものである。

高さ492m、地上101階建ての「上海環球金融センタービル」の展望台から市街を一望すると、眼下には近代的な高層ビル群が広がっている。30階建て以上の高層ビルの数は1000以上もあり、ニューヨークを抜いて世界一だといわれている。今も市内では多くの高層ビルが建設中で、「上海センタービル」は高さ632m、地上127階建てである。鄧小平が浦東地区の改革・開放を宣言した1992年当時は粗末な農家や荒野が広がっていた

写真 5–1　外灘から眺めた上海・浦東地区

が、いまや当時の面影はまったく見られない。上海の国際都市を象徴しており、外灘から眺めるとき誰しも驚嘆せざるを得ない。

１９７８年末から始まった改革・開放政策は１９８０年の経済特区の設置に始まり、１９８４年には沿海部14カ所に経済技術開発区を設置したが、そのひとつに上海が選ばれた。この開発区は前者の経済特区と同様に税制面で優遇措置を受けることができた。１９８５年には江沢民が、１９８８年には朱鎔基が上海市長に就任した。朱鎔基は「多士済々の政治家たちを育んだ上海で、朱鎔基は市長として浦東地区開発などに全力で取り組み、『開拓精神がある』との名誉ある評価を得て、中央の政策決定階層入りの道を切り開いたのだった」(1)。１９９０年代に入ると、上海の開発計画に中国政府が直接関与するようになった。１９９０年の「浦東新区開発計画」がそれである。浦東新区のマスタープランは「世界に向かい、21世紀に向かい、現代化に向かう」(2)戦略思想に基づく。

１９８５年のプラザ合意以降ＡＳＥＡＮ諸国に世界各国の投資が急増するものの、１９８９年の天安門事件は外国企業の中国への進出を阻害した。ところが、１９９２年に当時の最高実力者鄧小平は中国南部を視察して改革・開放政策を加速させるべきだと主張した。これが有名な「南巡講話」といわれるもので上海の経済発展に大きく影響した。鄧小平が「改革・開放を加速するためのエースとして期待をかけているのが朱鎔基だ。…天安門事件後の上海を大きな混乱なく収め、浦東開発計画を国家プロジェクトとしてスタートさせた朱氏の手腕には絶大な期待を寄せているようにみえる」(3)という。これを機に外国の企業が集中的に進出することになった。

すでに述べたように、中国経済は１９８９年の天安門事件前後や１９９７年のアジア通貨危機、２００８年の世界的な金融危機などの局面では経済成長率は鈍化したものの基本的には長期にわたって高い成長率を維持してきた。経済成長の減速が避けられなくなった2008年には政府は4兆円の公共投資を打ち出した。急速に力をつけてきた中国経済はついに日本を凌駕するにいたった。

経済発展の著しい沿海部、特に上海ではこれまで経済成長を牽引してきた第2次産業のGDPは1999年には第3次産業の事業の投資にも積極的になり、投資市場で儲かった資金が再び事業に使われるというような循環機構ができた。1990年には上海に証券取引所が開設されたことや国有企業が保有していた社宅の払い下げによって株式市場と不動産市場の二つが投資市場として上海にできた。1997年の通貨危機を経て2000年以降、不動産市場と住宅市場が活況を呈した。その結果、中国人の間では「不動産は必ず儲かる」という神話が生まれた。しかし、中国の不動産はバブルであり、いずれ日本のようにはじけるという声さえ聞かれるようになった。

日本の約26倍もある広大な国土をもつ中国ではおおむね長江をはさんで北方人と南方人に分けられる。上海と北京はいろいろな点で比較されることが多い。北京が政治の中心であるとすれば、上海は経済の中心で、ちょうど日本の東京と大阪のような関係にある。北京は東京、上海は大阪と姉妹都市である。上海人の「進取性」がしばしば指摘されるが、これも北京との対抗意識からであろう。「上海人の進取性の理由としては、首都として永年栄え、君臨してきた北京に対峙する上海という、上海人としてのメンタルな気概にあると私は思う。北京が権威で勝負するなら、上海は先進的な知識・技術をいち早く取り入れ、実質で勝負するというものだ。近年の100年において、権力・権益を握る『政人』の住む政治の中心地・北京を尻目に、上海は中国の工業・商業の中心地として知恵を絞り、黙々と汗水を流して国の経済を支えてきた」(4)という。上海語と北京語はいくら同じ中国人といえどもわからないほど、まったく別の言葉である。仕事の面でも上海と北京では排他性が強いといわれるほどである。

室井秀太郎も「上海人の意識には、強い地元の連帯感と北京に対する排他的な気持ちが感じられる。それはおそらく、開放前には欧米のビジネスマンが集まる国際都市であったことや、解放後も一貫して全国をリードする工業基地の地を保ってきたことへの自負が背景にあろう」(5)と述べている。

２００８年に北京でオリンピック、10年に上海で万博が開催されたが、なんとなく二つの都市の関係を感じさせるものがある。その上海と北京の間に２０１１年６月に高速鉄道（日本の新幹線）が開通した。都市間の距離が近くなると交流が活発になり、プラスになることも多いが、競争も一段と激しくなる。中国の国土面積は日本の26倍、人口は13倍ととてつもなく大きいから予想もつかないが、中国がひとつの国としてどのようにまとまるのであろうか。地理学として興味深いところである。

いま、上海ではグローバル・シティ（国際都市）にふさわしいインフラの整備が急ピッチで進められている。２０１０年には地下鉄は11路線あり、総延長距離は４２０㎞に及び、世界第１位である。１９９９年には空の玄関として空港を紅橋空港から上海浦東国際空港に移し、市内とはリニアモーターカーで結ばれている。さらに、上海から郊外に地下鉄を延伸しており、上海と２００㎞圏内を１時間で結ぶ計画も進められている。技術や資金だけでなく、国際競争の激しいグローバル化の時代にふさわしい人材の育成にも取り組んでいる。上海万博はその試金石であったといえよう。

上海万博

中国では近代化の始まった清朝の時代から都市を中心に数多くの博覧会が開催されてきたし、海外のさまざまな博覧会にも出展してきた(6)。世界で最初にロンドンで万博が開催されたのは１８５１年のことであるからすでに１５０年以上の歴史がありながら博覧会はあまり知られていない。19世紀にはヨーロッパでの開催が多かったが、20世紀になるとアメリカやアジアでも開催された。１９７０年の大阪万博はアジアでは初めて開催された万博で、入場者は６４００万人を超え、万博史上最大規模の万博と言われた(7)。ところが、２０１０年10月31日、上海万博は万博史上最多の７３００万人の入場者を数え、１８４日間の幕を閉じた。温家宝首相は閉会式で「多くの万博新記録を作り、世界の博覧会史上に輝かしいページをしるした」と同万博の成功を内外に誇示した。

日本が1964年に東京オリンピック、1970年に大阪万博を成功させ、高度経済成長の波に乗ったのと同じように中国も2008年に北京オリンピック、10年には上海万博を開催して高度成長を実現し、世界第2位の経済大国になった。いま、世界の人びとが注目しているのは中国である。しかし、これまでのような投資・輸出主導型の経済成長から消費・内需主導型の経済成長に転換していかなくてはならない。全国各地から万博に来た人たちは上海の豊かさに触れたが、この人たちのエネルギーが今後の中国経済の発展に結びつくことを期待したい。万博は世界と中国が次代の経済関係を探る場でもあったからである。

万博の会場は黄浦江の両岸であったが、西岸は旧租界地であった。今日、上海は1700万人を超える中国第1の大都市であるが、上海の発展は1842年にアヘン戦争に負けた清朝政府からイギリスやフランス、アメリカ、日本などが租界地として拡張させ、商業都市に発展させたことに始まる。その意味では上海ほど世界の列強に支配されて国際都市に発展した都市はないであろう。当時は黄浦江の南、浦東地区はまったくの農村か漁村であったが、新中国の誕生、経済の改革・開放とともに発展し、現在では超高層ビルが林立し、世界の金融センターにまで発展した。外灘から眺める光景は驚くべきである。

上海万博のテーマは「より良い都市、より良い生活」であった。史上最多の240を超す国と国際機関が参加したが、万博に入場した7300万人の人びとはどんな「夢」を見たのであろうか。

上海市と華東師範大学

上海には復旦大学、上海交通大学、華東師範大学など中国を代表する有名な大学が数多くある。筆者は1987年に華東師範大学地理系の程教授（故人）を訪ねたが、この大学は政府の重点大学であり、地理系はいまも中国を代表する地理学の殿堂である。このとき、大学の周りは2階建てぐらいの住宅が並んでおり、大学が聳え立つ存在

写真 5-2　正面は華東師範大学地理系

であった。公園のようなきれいな大学の正門を入ると、正面に毛沢東の銅像が立ち、その向こうには地理系の建物があった。しかし、今では高層ビルやマンションに囲まれ、道路は車の洪水である。

筆者は毎年のように上海を訪れているが、行くたびに変わっていることに驚かされる。２００６年に中部大学は華東師範大学と交流協定を締結し、翌年に筆者は交換教授として派遣されたが、そのとき大学のすぐそばを流れる蘇州河のほとりをよく散歩した。今では、河の両岸にはマンションが立ち並び、整備されたが、河の汚れは依然として変わらない。

万博を契機として再開発が進められ、街は大きく変わった。上海駅の周辺の変化は驚くべきである。１９８７年に初めて上海に行ったときは上海空港の周りは田んぼであったが、今では市街地に変わってしまった。上海空港は国内線専用であるが、最近羽田空港（日本）から直行便が就航して便利になった。

さらに、万博を契機にして地下鉄も延伸・新設され、郊外に延びた。華東師範大学も郊外の松江区の大学城に移転した。旧キャンパスは市民の公園として、また社会人や国際交流センターとして使われている。上海が一回りも二回りも拡大した感じである。中国では上海だけでなく多くの都市で大学の郊外への移転が進められているが、日本の大学移転と同じことにならないだろうか。

上海と岡山の交流

中国に岡山から飛行機が飛んでいると言うと誰もが驚く。ところが、岡山から上海には毎日、北京には１日おきに飛行機が飛んでいる。岡山が中国・四国地方の交通の要所であることも大きいが、歴史的にも繋がりが大きいからである。古くは吉備真備が遣唐使として中国に渡っている。上海にあった内山書店の店主だった内山完造は魯迅、郭末若らの文化人と交流し、郭末若は岡山の旧制六高で学び、九州大学に進み、その後に初代日中友好協会理事長をつとめた。

このほか、全日空社長の岡崎嘉平太、経団連の土光敏夫らは日中交流の促進に貢献した。橋本龍太郎元総理も小泉首相の靖国神社参拝などで難しい時期に死去する直前まで日中交流に力を尽くした。最近では旭川荘の江草安彦などの交流も挙げられる。

２０１０年以降、日本と中国の関係は決してよいとは言えないが、中国はアメリカやアフリカが交流の相手であろうか。地理学界では河野通博岡山大学名誉教授が中国研究で活躍されたが、残念ながら２０１０年に亡くなられた。筆者は１９８７年に初めて中国に足を踏み入れ、これまで19回も中国に行ったが、今後とも微力ながら日中交流に尽くしたい。

2　長江デルタ経済圏

中国では社会主義的平等と国防重視の点から内陸部が重点的に開発されてきたが、改革・開放後には内陸部よりも沿海部を重視する政策、いわゆる「先富論」に基づいて開発されることになった。１９８０年の経済特区、８４年の開放都市、さらに１９８５年には沿海開放区が設置されたが、そのひとつが長江デルタ経済圏である。この経済圏の中心都市が上海であることは言うまでもない。上海は中国でも最も豊かな都市である。また、すでに述べたように中国共産党の発祥地でもあるし、江沢民国家主席や朱鎔基首相など多くの指導者を輩出した都市でもある。

１９９０年に黄浦江南部の浦東地区の開発開放宣言に続いて１９９２年には鄧小平の「南巡講話」によって一気

に開発が進んだ。上海は外資を積極的に導入し、国際都市として発展することとなった。浦東国際空港をはじめ、上海港などインフラの整備も進んだ。上海港のコンテナ取り扱い量は２００９年には２５００個でシンガポールについで世界第2位となった。

上海市の外資導入状況をみると、１９８５年には１２５件、７・59億ドルであり、１９９１年までは契約件数は３桁、金額は毎年10億ドル前後であった。１９９２年の鄧小平の「南巡講話」以降、急激に増加し、同年の契約件数は２１６９件、金額は44・25億ドルとなった。上海市は外国企業の投資ラッシュに沸いたのである。この年以降、上海市は世界中から注目される都市となった(8)。１９９０年以降、浦東地区への外資の進出が上海の好調な経済を支えたひとつの要因であることは明らかである。「浦東への投資の大きな特徴は、深圳や大連とは異なり、労働集約型の生産拠点というより、技術集約型ないし設備投資型の拠点となっている点である」(9)。

上海に限らず改革・開放政策によって沿海部に外国の企業が進出するにつれ都市を中心として経済圏が面として広がっていった。南の広州市を中心とする「珠江デルタ経済圏」、上海を中心とする「長江デルタ経済圏」、そして北京、天津市を中心とする「環渤海湾経済圏」の３つの経済圏である。長江デルタ地域は珠江デルタ地域とともに中国の二大工業地域となった。表５-１のように長江デルタ地域には全国の製造業の30％が集中している。２００３年には一般機械の41％をはじめ、化学の34％、電気機械の34％、輸送機械の29％、鉄鋼の23％が集中している。長江デルタ経済圏には日本、アメリカ、ヨーロッパなど外国の大企業が地元の企業との合弁形態で進出したものが多く、部品は自社で内製するか系列の部品メーカーで生産されるケースが多い。この点が珠江デルタ経済圏と異なる点である。この地域の所得水準は高く、高度な人材の供給も可能である。こういう点にこの経済圏の特徴がある。

長江デルタ経済圏は上海を核として江蘇、浙江、安徽省、さらに江西省にまで広がり、「各省横断の各種プロジェクトが推進され、横向き（従来のタテ割の『たこつぼ』的な状況から、省市間の横のつながりを深める方法）の政策が展開されていった」(10)。この地域では「集積が集積を呼ぶ」という循環機構ができあがっている(11)。

その結果、所得水準の高い地域は上海から周辺地域に面的に広がった。大泉啓一郎は一人当たりGDPが6万元を超える上海、蘇州、無錫、杭州などの4都市をコア地域、4万元以上の南京、寧波、舟山などの9都市を外核地域、4万元に近づきつつある湖州、台州、合肥、蕪湖の4都市を周辺地域に分け、コア地域では脱工業化とサービス産業への移行が始まった地域、外核地域は工業化のさなかにある地域、周辺地域は工業化の初期段階にあるとしている(12)。

江蘇省は1980年代には郷鎮企業が発展し、「蘇南モデル」の発祥地として有名になったが、1990年代になると、外資系企業の進出ラッシュが続き、この地域の経済の担い手は郷鎮企業から外資系企業に変わった。隣接する浙江省とは競合関係にある。上海と結ぶ高速道路をはじめとするインフラの整備が大いに関係している。上海を中心として昆山、蘇州、無錫、南京などが、南側には浙江省の嘉興、杭州、紹興、寧波などがあり、都市群を形成している(13)。

外資系企業は上海郊外の蘇州、無錫、昆山、南京などに集中しているが、とりわけ蘇州市は上海に近く、立地条件に恵まれているので外資系企業の集積地となっている(14)。蘇州市は2500年の歴史をもつ有名な文化都市であり、世界的な観光都市でもある。江南で最も早くから開け、春秋時代には呉の都であった。「水の都」として知られ、旧市街には水路が網の目のように張りめぐらされている。現在人口は60万人を超え、日本人も5000人以上在住している。市は文化とハイテク産業の融合した都市を目指しており、「蘇州高新区」は正式名称が「蘇州国家ハイテク産業開発区」と呼ばれる地区である。ここに

表5-1　主要産業の生産高に占める各地域の比重（2003年、%）

	製造業	化学	鉄鋼	一般機械	電気機械	輸送機械
全国	100	100	100	100	100	100
東部沿海地域	75	73	67	78	92	62
長江デルタ地域	30	34	23	41	34	29
珠江デルタ地域	15	11	3	6	34	8
中部地域	17	18	23	15	5	27
西部地域	8	9	10	7	3	10

出所：『中国工業経済統計年鑑2004』（中国統計出版社）より作成。
資料：日本経済研究センター『中国ビジネスこれから10年』日本経済新聞社、2005年より引用。

写真 5-3　中国・蘇州市のセーレン工場
（北陸経済連合会提供）

日本企業が４２０社も進出しているが、福井県のセーレンもそのひとつである。円高の影響を回避するとともに生産コストを抑え、国際競争に耐えうるものとしてパナソニックは大阪の貝塚工場をここに全面移管することになった。ハイテク日本の屋台骨を支えてきたテレビ事業はシャープ、ソニーも大幅な赤字が避けられない状況である。テレビの需要不振は深刻で、液晶パネルの値崩れが続いているためである。

外資系企業は家電、自動車、食品などさまざまな業種に及んでいるが、なかでもノートパソコンの生産は世界の6割まで占めている。江蘇省の蘇州や昆山は台湾企業を中心に多くの外資系企業が集積する中国有数の都市となり、隣接する浙江省の杭州を圧倒するほどだが、成功の理由として「経済成長のセンターである上海とを結ぶ高速道路の整備など、投資環境の整備を迅速に進めたことが大きい」(15)。中国で最初に高速道路が開通したのは１９８８年に開通した上海市―嘉定のわずか18・５㎞であったが、その後にさらに延長され、都市間の熾烈な競争を展開しながら連携関係も強め、長江デルタ経済圏を形成した。

上海の周囲３００㎞圏内には、江蘇省、浙江省を含む長江デルタ経済圏は経済活動の両輪である「生産」と「消費」という二つの機能が密接な補完関係を形成している。この点が南の広州を中心とする珠江デルタや北京を中心とする環渤海経済圏とは異なる点である。上海市と近隣の江蘇省、浙江省との間には「市場メカニズムによって、自発的な協力関係が形成され始めている」(16)という。「従来の省市をまたがる緊密な連合の基礎の上に次第に経済効率の高い多系統、開放型の経済ネットワークを形成した」(17)。長江デルタ経済圏は従来の10市、55県から１９８４年には上海市と江蘇、浙江、安徽、江西省の4省1直轄市の32市、17地区、３０１県に拡大した。その要因は、「国内の各地区との相互協力を強化し、内部的な経済・技術協力を積極的に進め、さらに大いに対外貿易を発展させ国際市場を開拓すること、すなわち『内連外拡』である」(18)。唱新が言うように「都市機能の集中と産業集積地域の一体化は、階層的都市構造の形成をもたらし、頂点にある大都市からの都市機能と産業集積の波及効果を通じて大都市『圏』としての急成長がもたらされている」(19)。

しかし、上海デルタ経済圏の形成の背後には農業・農村・農民問題、いわゆる「三農問題」が存在する。上海近郊で都市化と工業化が急速に進む松江区の綿密な調査をしてきた石田浩は農地の転用、労働力の流動化、農家経済の農外への依存などで「農業の存在意義はきわめて小さくなった」(20)と指摘している。それだけではない。復旦大学の陳雲副教授は「長江デルタ経済圏の形成の過程で上海郊外区県と市街地の関係、つまり『内向き』の関係と上海郊外区県と長江デルタ周辺と市との関係、つまり『外向き』の関係の二つの関係の調和という課題が同時に浮上した」(21)という。

3　郷鎮企業

上海デルタ地域の経済発展を支えたのは海外市場と一部の国内市場をターゲットにした外資だけではない。国内市場を対象とした地場の膨大な数の浙江省の農村工業、郷鎮企業がある。郷鎮企業にはいくつかのタイプがあるが、その多くは人民公社時代の資産を元に郷・鎮政府が起業し、農村の余剰労働力を活用した労働集約型の工業である(22)。この地域は上海とは異なり、計画経済時代には国家の重点地域からはずされ、有力な国営企業もなかったので郷鎮企業も多かった。中国全体の郷鎮企業は1978年には企業数はわずか152社、従業員2827万人、付加価値額208億元であったが、その後に急速に成長し、2005年にはそれぞれ2250社、1万427

2人、5兆534億元と大幅に増加した。その結果、郷鎮企業が農村の総生産に占める割合は大きくなり、「都市工業、郷鎮企業、農・副業の3種の異なる段階の生産力が渾然一体となって、区域経済の一大系列を構成している」(23)という。

4　農民工の存在

「農民工」とは農村戸籍をもつ出稼ぎ労働者である。上海デルタ経済圏の発展を支えた「農民工」の存在を忘れてはならない。彼らは「農民」でありながら「工人」であるという無住運下存在である。中国全土で1億4000万人とも言われる農村の余剰労働力は出稼ぎ労働者となって内陸部の農村からこの地域に流出する。王文亮は『中国農民はなぜ貧しいのか』(光文社、2003年)のなかで驚異的な経済発展の裏側で取り残される農民の悲劇について詳しく述べている。「江蘇省蘇州には160万人、上海市は360万人、広東省東莞市は500万人、深圳市は581万人の出稼ぎ労働者が滞在している」(24)。彼らは都市での居住が認められていないので就職や住宅、子供の教育などさまざまな問題を抱えている。しかし、出稼ぎ労働者がいつまでも不安定な生活を強いられると、企業や政府に不満が爆発して社会不安を起こしかねない。政府の改革も徐々には進んでいるが、農民と都市住民を区別して制限してきた戸籍制度は建国以来のものであり、その撤廃によって全国的に大量の人口移動が起こると、混乱を招くことを政府は恐れているのである。

中国では内需・輸出の拡大で経済成長が著しいが、これまで農民工(出稼ぎ労働者)の供給源であった内陸部でも公共投資の増加などで就業機会が増え、出稼ぎをやめて地元に就業機会を見つける人も増えている。最近は春節で帰省した農民工たちが、職場に復帰しないというケースも増えており、沿海部の企業では大幅に賃金を上げないと、従業員を確保できないという企業も出てきた。日本経済新聞（2012年2月23日）によれば、工場労働者の不足が沿海部から内陸部に波及しており、これまでのように沿海部だけでなく、中国各地で深刻な問題になりそうであると報道している。

注

（1）鄭義著・藤野彰訳編『朱鎔基　中国を変える男』日中出版、1994年、12頁、このほか高新・何頻著、多田敏弘訳『朱鎔基伝』近代文芸社、1998年、を参照のこと。
（2）佐々木信彰編『上海浦東開発戦略』晃洋書房、1992年、47頁
（3）室井秀太郎『上海新世紀』日本経済新聞社、1992年、2頁
（4）射場和行『上海今昔物語』GO・GO PLANNING、2008年、167頁
（5）室井秀太郎『上海新世紀』日本経済新聞社、1992年、63頁
（6）柴田哲雄・やまだあつし編著『中国と博覧会』成文堂、2010年
（7）久島伸昭『「万博」発明発見50の物語』講談社、2004年
（8）関満博『アジア新時代の日本企業』中公新書、1999年、79～80頁
（9）三菱総合研究所編『中国情報ハンドブック、1994年版』蒼蒼社、1994年、36頁
（10）日本貿易振興会『上海経済区の現状と展望』日本貿易振興会、1987年、1頁
（11）関満博『上海の産業発展と日本企業』新評論、1997年、では上海の工業機能が江蘇、浙江省という外延部に広がっていったことを述べている
（12）大泉啓一郎『消費するアジア』中公新書、2011年、97～98頁
（13）左学金主編『長江三角州都市群発展研究』学林出版社、2006年、姚士謀・陳振光・朱英明等著『中国都市群』中国科学技術大学出版社、2006年

(14) この地域の都市化・工業化については季増民『変貌する中国の都市と農村』芦書房、２００４年、同『中国近郊農村の地域再編』芦書房、２０１０年、を参照されたい

(15) 鮫島敬治・日本経済研究センター編『資本主義へ疾走する中国』日本経済新聞社、２００４年、97~98頁

(16) 田嶋淳子編著『上海』時事通信社、２０００年、２３８頁

(17) 日本貿易振興会『上海経済区の現状と展望』日本貿易振興会、１９８７年、28頁

(18) 大阪市立大学経済研究所編『上海』世界の大都市2、東京大学出版会、１９８６年、３０２頁

(19) 唱新『中国型経済システム』世界思想社、２００５年、１４１頁

(20) 石田浩編著『中国農村の構造変動と「三農問題」』晃洋書房、２００５年、２９９頁

(21) 新藤宗幸監修・五石敬路編『東アジア大都市のグローバル化と二極分化』国際書院、２００６年、１２５~１２６頁

(22) 郷鎮企業の実態については、上野和彦『現代日本の郷鎮企業』大明堂、１９９３年、関満博『中国長江下流域の発展戦略』新評論、１９９５年などを参照されたい

(23) 費孝道著、大里浩秋・並木頼寿訳『江南農村の工業化』研文社、１９８８年、84頁

(24) 日本経済研究センター編『中国ビジネスこれから』２００５年、84頁

第6章 内陸部・「東北振興」と「西部大開発」

1 内陸部開発の可能性と限界

沿海部の成長に対し、内陸部は経済停滞が続き、経済成長から取り残された。そのため、沿海地域が経済発展の中心地域になるにつれ内陸地域はますます周辺化された。改革・開放政策による外資導入が沿海部中心であったため、こうした地域の所得は上昇したが、労働力の供給源である内陸部は発展から取り残され、所得格差は拡大した。というのは、政府は都市への出稼ぎ農民を都市戸籍に認めないので、彼らは数年働くと農村に帰らなければならないため賃金は低く抑えられた。そのため、農村住民の所得は向上せず、本格的な内需拡大の足かせになってきたからである。

西部大開発にしろ東北振興にしろ、国家的プロジェクトである限り、政府の公共投資が進み、道路、鉄道などのインフラが整備されること自体は望ましいことである。これによって、内陸部の雇用が増大し、所得の増大によって一定の購買力が上昇することは間違いない。しかし、これによって内陸部の地域が自立的で持続可能な発展を達成できるかどうかは疑問である。というのは、内陸部の地域は地理的条件およびインフラ不足のために沿海部のような輸出主導型の経済発展は困難だからである。また、この地域の人口は約4・7億人であり、その潜在的な購買力は大きく将来に期待はもてるものの、そのほとんどは一部の都市を除くと農業を主体にした農民であり、購買力を上昇させることはなかなか容易なことではない。外需も内需も急速な拡大が見込めない状況の下では外資による投資は一部の産業や地域に限定されるであろう。

中国の農業・農村・農民が抱えている問題は一般に「三農問題」と呼ばれ、中国が直面する社会問題のひとつである。この三農問題は次の４つの問題に起因している。つまり、①農業部門の総生産が国内総生産に占める割合が持続的に減少していること、②農業の労働生産性が全国のそれに比べ減少していること、③農民一人当たりの所得の国民一人当たりＧＤＰに対する比率が減少していること、④農民の農業所得が総所得に占める割合が減少していること、この４つである。一般に市場経済の下では、農業の労働生産性の上昇による所得の上昇には限界があり、農業所得の増加を図る以外に方法がない。農村住民と都市住民との所得格差、さらに消費格差を是正するには農村労働力の都市への流出しかないのであろうか。「現在の都市化の加速段階を有効に利用し、農村部余剰労働力を都市部に移動させるのが、今後の中国の社会発展にとってきわめて重要な意義をもつ」(1)としても、社会主義国中国では三農問題の解決の決め手はないのだろうか。「中国農業の袋小路を突破する道は、農村の過剰労働力を都市が引き受け仕事を与えて定住させ、農村の人口を減らして農家の経営規模を拡大し生産性を高めるしかない」(2)という指摘もある。

中国四川省の農村を丹念に調査してきた石田浩は内陸部の農村が抱える問題として内陸農村の貧困問題、食料の供給戦略、環境保全の３点を挙げている(3)。

2　東北振興

中国が1978年末以来進めてきた改革・開放政策は外国の資本と技術を沿海部に導入して国内の労働力を利用して工業製品をつくり、外国に輸出するというものであった。その結果、中国経済は高度成長を達成し、今日のような経済大国を実現したのであるが、その一方で沿海部と内陸部の経済的格差が拡大した。都市・農村とも内陸部ではすべての省・市で所得が全国平均を下回る。貴州省の一人当たり名目GDPは上海市の2割にも満たない。地域間格差は大きいのである。また、内陸部では沿海部に比べ外資系企業の進出も少なく、沿海部に人口が移動し、減少している。ただ、最近は政府の積極的な政策によって「実質GDP（域内総生産）伸び率を見ると、重慶市（17・1％）、青海省（15・3％）、四川省（15・1％）など高成長率を遂げる省・市が多い」(4)。

沿海部と内陸部との格差だけでなく、内陸部では都市部と農村部の格差もまた大きい。近年内陸の四川省重慶市の経済発展は目覚しく、中国で4番目の直轄市となった。しかし、市域の都市部と農村部の格差は2007年には全国平均を上回る3・9倍であった。格差是正が大きな課題になるのも当然である。

中国では沿海部の急成長がもたらす成果を遅れた内陸部に再配分するシステムが存在しない。産業間、職業間、地域間の人口移動を前提として義務教育と社会保障体制の再構築から始まるのが望ましいが、現実には困難である。こうした格差をめぐる問題を解決するために2000年から西部開発(5)、2002年からは東北振興に取り組むこととなった。

東北振興の対象となるのはいわゆる中国の東北地方である。一般に、中国の東北地方とは遼寧省、吉林省、黒龍江省の3省である。2003年、中国では胡錦濤国家主席―温家宝首相を中心とする新指導部が発足すると、「東北振興」は重要な政策課題となった。2003年10月、中国共産党第16期中央委員会第3回全体会議では「地域の調和のとれた発展」が強調され、「東北振興」もそのなかに明記された。東北3省は市場経済化の波に乗れず、1985年に中国の工業生産額に占める割合は15％であったが、2002年には6％にまで低下した。改革・開放政策で飛躍的な発展を遂げる広東省や上海などとは対照的に停滞が続いた結果である。東北地方は中国で言うところの「老工業基地」であり、これをどう転換するかが大きな課題となった。

さらに、同年にインドネシアで開催された中国、日本、韓国の3カ国首脳会談の際に温家宝首相は両国首脳に対し、「東北振興」への協力を要請した。従来、内陸部の「西部大開発」に比べ、東北地方の振興の取り組みはどちらかというと弱かったが、いよいよ「東北振興」に対する胡錦濤―温家宝指導部の強い意欲がうかがえた。東北地区等工業基地を「新興産業基地、新重要成長地域」にするという目標が打ち出され、2007年8月には「東北地区振興計画」が発表された。東北地域を広州周辺の「珠江デルタ」、上海周辺の「長江デルタ」、華北の各地区と並ぶ第4の経済圏にする計画である。

東北地域は資源が豊富で、旧満州国時代から産業基盤の整備が進み、新中国成立後には先進工業地帯として躍り出たが、改革・開放路線の導入後は計画経済時代の非効率的な体質から脱却できず、地盤沈下が進んだ。東北3省を特徴づけるものは、言うまでもなく中国屈指の「重化学工業基地」である。かつては経済発展の目覚ましかったこの地域も「負の遺産」は根強く、1980年代には華南地方に比べ、経済の発展は低調で地域格差は拡大し、いわゆる「東北現象」と呼ばれる状況が続いていた(6)。国有企業の多い老工業基地を改革し、市場経済化を進めてこの「東北現象」を解決するのが「東北振興」の最大の課題である。東北振興を通じて「新東北時代」(7)を切り開くのである。

東北地方が北京に目を向けながらもグローバルな観点から北東アジア、特に日本や韓国との交流を通じて経済の発展を図ろうとしているのもそのためである。さらに、「東北振興」計画として東北地域内の交通インフラの整備が挙げられている。ハルピン―大連間などの高速鉄道の建設、大連、瀋陽、長春、ハルピンなどの空港の整備、吉林―瀋陽間などの高速道路の建設など東北地方をまたぐ交通インフラの整備がうたわれている。さらに、2005年に長春で始まった北東アジア投資貿易博覧会を契機として国際的な経済交流の重要性が痛感され、そのためのインフラ整備も進められることになった。

東北振興に当たっては相互補完という視点からロシア極東地域の資源・エネルギー、北朝鮮の労働力、韓国・日本の資本と技術が重要な役割を果たすであろう(8)。

3　東北三省の表玄関・大連

東北地方の表玄関は大連である。遼東半島の先端に位置する大連は「北の香港」と呼ばれ、5月の半ばを過ぎると、アカシアの花がいっせいに咲く美しい街である。1904～1945年までの40年間、日本の植民地であった。東京の上野駅を思わせる大連駅や中国銀行（旧横浜正金銀行）、労働局（旧市役所）など当時の面影を偲ばせる建物が今も残っている。

大連港は貨物取扱量では上海に次ぐ中国第2の港である。市内には造船所、車両工場、機械、食品などの工場がある。資源の豊かな東北地方を背後に発展してきたが、経済発展の可能性は高く、対外開放都市に指定された。郊外には新しく工業団地が造成され、日本企業も数多く立地している(9)。日本企業の大連への投資の特徴は「開発区への進出企業を中心として製造業の輸出主導型投資が比較的多いということである。中国における主要港湾を抱え、開発区および日本工業団地をもつ大連は、日本企業にとって有力な輸出拠点となっている」(10)。しかし、日本企業がたんに安価で豊富な労働力や土地を利用するだけでなく、ヒト、モノ、カネ、仕事など地元のあらゆる面で「現地化」が不可欠になってきた。富山県から大連に進出した企業は表6‐1のように17社あり、それらは次の

表 6-1　中国・大連市の富山県企業

1．資源利用・加工型企業（退耕還林）							
	企業名	業種	形態	創業	従業員	幹部（中国人）	備考（問題）
①	木下食品	こんにゃく製造	独資	2001 年	100 人	副総経理	水不足
②	クワシマ	割箸製造・販売	合弁	1994	150	代表	木材不足
③	北陸森紙業	段ボールケース	合弁	1993			木材不足
④	メーカー	ラッピング部材の製造	独資	2003	23		労働力不足
2．資本・技術集約型企業（現地生産販売）							
	企業名	業種	形態	創業	従業員	幹部（中国人）	備考（問題）
①	サンエツ金属（2工場）	精密部品の鋳造	独資	1994	101		
②	タカギセイコー	金型の設計・製造・販売	合弁	2002	140	代表	技術者の不足
③	日平トヤマ	工作機械の製造・販売	合弁	1995	390		従業員の引抜き
④	松村精型	鋳造用金型の製造	独資	2003	10		
⑤	リッチェル	金属ワイヤーの製造	独資	2003	25	代表	
⑥	YKK（4工場）	ファスナーの製造・販売	独資	1995	822		
3．業務提携型企業（市場拡大）							
	企業名	業種	形態	創業	従業員	幹部（中国人）	備考（問題）
①	アート工芸	木製ベッドフレーム	合弁	1995	165	代表	
②	インテック	ソフトウェアーの開発	合弁	1995	61		市場の拡大
③	サカエ金襴	リン布団製造輸出	独資	2002			
④	丸和ケミカル	すべり止め手袋の輸入販売	独資	2003	2	代表	親子 13 人で経営
⑤	ニュージャパントラベル	旅行業	その他（事務所）	2001	16	経理	営業成績好調
⑥	伏木海陸運送	運送業	その他（事務所）	1998	2	所長代理	営業成績好調
⑦	鳥羽機電	抵抗器	独資	2003	5	副総経理	電力不足への対応

資料：中藤康俊『北東アジア経済圏の課題』原書房、2007 年より引用。

3つのグループに分けられる。そのひとつは資源利用・加工型企業が4社あり、中国が目指す退耕還林政策の一環を目指す企業である。2つ目は資本・技術集約型の企業であり、これらの企業群には6社あるが、現地生産・販売を目指している。3つ目の企業群としては7社あり、業務提携型の企業であり、中国の企業と提携し、現地での市場拡大を目指している。多くの企業で代表や副総経理に中国人が登用されている。しかし、備考欄に書いているように技術者の不足、従業員の引き抜きなどさまざまな問題が出ているのも事実である(11)。

このように日本企業の「現地化」がかつては最大の課題であったが、今日では日本経済新聞（2012年5月3日）によれば、日本企業へのアンケート調査では中国人社員の最上位ポストが社長以上という企業が3割を超え、部長以上まで広げると、9割近いという。日本企業が「現地化」を急ぐのは中国が低コストの労働力を活かして輸出する「世界の工場」から「世界の市場」へと変わっているからである。ところが、ここ1、2年の間に人件費が急上昇し、中国事業の収益を圧迫している状況が鮮明になった。2011年度に前年度比2けた賃上げした企業は8割にのぼり、中国事業の利益見込みが10％以上減る企業は2割近くに達したという。

ところで、これまで日本企業の中国進出にはさまざまな批判があったが、そのひとつが技術移転の問題である。すでに北九州市が大連市に公害対策技術の供与を進めてきたことは周知のとおりである。資金援助も重要であるが、技術援助はもっと重要なことである。これまで日本企業は技術流出を懸念して競争力を左右する先端技術を他社に供与することには慎重であった。ところが、中国は自動車の普及などで2009年にはアメリカを抜き、世界最大のエネルギー消費国になった。中国では自動車の保有台数は2020年には2009年の約3倍に増加し、今後石油が大幅に不足する事態が予想されており、エコカーへの転換が緊急の課題となっている。2012年にホンダがハイブリッド車（ＨＶ）の基幹技術を中国の自動車メーカーに供与することに決定した。また、2012年に帝人は中国の合繊メーカーと連携して市場ニーズにあった衣料繊維の開発拠点を中国に新設することを発表した。中国では所得水準の上昇により保温や吸湿早乾など機能性の高い衣料繊維への関心が高まっている。

１９９０年には瀋陽と大連の間に高速道路が開通し、東北地方の物資の輸送に役立っている。高速鉄道の工事も始まっており、瀋陽との間には3年以内に開通するという。現在は4時間かかっているが、高速鉄道が開通すると、1時間半に短縮される。5年以内にはハルピンまで延長される予定である。これまで沿岸部に比べて遅れていた内陸部への投資が活発になっており、今では資金も人も内陸部へ向かっている。内陸部でインフラの整備や企業の生産拠点づくりが進むことが、中国経済を下支えすることになる。大連はアカシア祭り、芸術祭、国際マラソンなど観光都市としても海外に広く知られている。

いま、大連は「グレーター大連」の構想を進めており、背後の東北3省の拠点都市として機能の強化を図っている。さらに、ユニークなのは遼寧省が進めている「五点一線」計画である。「五点」とは、黄海と渤海に面した5カ所の重点発展区のことであり、「一線」とはその海岸線を貫く海浜道路のことである。中国には経済発展を支えている「線」が3本あると言われるが、珠江と長江の2つ大河（2線）と北京—天津間の高速道路を1線とする3線である。そして、「五点一線」の「一線」が第4線になるというのである。経済圏は１９８０年代には珠江デルタ経済圏、１９９０年代には長江デルタ経済圏、そして21世紀初頭の現在は京津翼（北京、天津、河北省）経済圏へと北上しており、遼寧省の「五点一線」計画は山東省を加えた「環渤海経済圏」の一翼を担うとされている。

こうした計画も重要ではあるが、グローバル化の進む現代では「東北アジア経済圏」(12)の形成に積極的に取り組むべきであろう。

4　老工業基地・瀋陽の変貌

遼寧省の省都は瀋陽である。市内の人口は700万人を超え、東北地方最大の都市である。かつて満州国の時代には奉天と呼ばれていた。瀋陽駅の近くの鉄西区は行政区域のひとつである。かつてロシアから受け継いだ満鉄が開発した重工業地帯である。新中国建国当時は先進的な重工業地帯として中国の社会主義経済を支える重要な役割を果たしてきた。ところが、瀋陽は遼寧省の内陸に位置するため国家から沿海地域並みの優遇条件が与えられなかったことから大連などに比べ開放が遅れたので鉄西工業区の改造計画、市レベルでの瀋陽開発区、東北工学院を中心とした南湖科技開発区の形成など独自の道を求めざるを得なかった。しかし、関満博が「瀋陽は、今後、東北地方における外資進出の最大の焦点になっていくことは疑いない」(13)と指摘したように1990年前後から急速に外資の投資が進み、「鉄西モデル」(14)と呼ばれるような改革が進んだ。

鉄西地区は筆者が遼寧大学に留学した1987年当時にはまだかつての面影を残し、工場が広がり、たくさんの煙突が立っていた。バスで大学から瀋陽駅に出るときはこのあたりをよく見た覚えがある。ところが、1990年代の市場経済化に伴い、非効率的な国営企業の経営や社会保障制度の維持が困難になり、地盤沈下し、古い工場や住宅が残る労働者の街となった。その後、しだいに労働者も減少し、寂れていった。

ところが、その後に鉄西地区の工場は郊外に移され、今ではマンションやビ

写真6-1　遼寧大学の正門

写真 6-2　東京駅をまねた瀋陽駅

ルが立ち並び、2011年には地下鉄1号線が開通して当時の面影は失われてしまった。駅前の太原街も再開発が進み、歩行者天国になっている。さらに、2012年には市の中心部を南北に地下鉄2号線が開通する予定であり、中街あたりでは再開発が進んでいる。瀋陽は今まさに大きく変わろうとしている。遼寧大学もすっかり変わってしまった。中山広場のヤマトホテルや瀋陽駅は今も残るが、改築は時間の問題かもしれない。かつて日本人が多く住んでいた浪花町あたりも当時の面影はなく、ホテルやデパートになっている。

1987年当時、男の人はほとんど人民服で、街には電気の明かりがなく、真っ暗であった。農家の人たちが朝早くから馬車に野菜や果物を積んできて、歩道で店を開いていた。筆者はそういう店で買物をして歩くのが楽しみであった。今では、当時のような店はなくなってしまい、なんとなく寂しい思いがする。今よりも当時の方がずっと街に情緒があり、歩くのが楽しみであった。当時は道路には自転車が溢れていたが、今はクルマの洪水であり、道行く人も急いでおり、なんとなく温かみがなくなったように感じられる。周りの建物もビルに変わり、瀋陽のイメージがわかない。

遼寧大学に留学していたとき、長春にある東北師範大学の張文奎教授に頼まれて集中講義に行った。講義の合間に教授の案内で「第一汽車」の工場見学に行ったが、会社の応接室に座るやいなやこの場所が戦前、日本軍が細菌の研究をしていたというのでずいぶん叱られたことを思い出す。その後に、張教授は上海駅近くの列車の中で倒れて亡くなられてしまった。残念でならない。筆者はこれまで何回も東北地方に行ったが、最近は上海に行く機会が増え、ここ数年の間に東北地方もすっかり変わってしまった。

5　西部大開発

中国の21世紀初頭の発展戦略ともいうべき「第10次五カ年計画」（2001～2005年まで）が2001年3月に発表された。経済大国への道を進む中国は、21世紀半ばには近代化をなしとげ、国民一人当たりのGDPは中進国仲間入りをしたいという。そのためには、2010年のGDPを2000年の2倍に増やすという目標を立てた。第10次五カ年計画はこのGDPを倍増する構想を具体化するための青写真といってもよい。そのため、年間7％程度の経済成長を目指している。中国はWTO加盟を契機として社会主義計画経済の残滓から完全に決別し、市場経済へ移行する計画である。WTO加盟によって中国経済は国際経済体制に深く参入し、激しい国際競争に直面することになる。この過程で生ずる雇用問題などの改革に伴う痛みは、西部大開発を中心とした内需拡大、民営企業の育成による民間活動の導入によって乗り越える計画である。これが中国経済の持続的な高度成長をもたらすものと考えられた。

「第10次五カ年計画」のひとつの目玉が「西部大開発」(15)であるが、これは1980年代の特区（沿海戦略）、1990年代の上海・浦東開発に匹敵する発展の起爆剤となるかもしれない。西部大開発は、改革・開放以降の東部沿海地域を優先的に発展させるという方針を転換し、経済発展のたち遅れた西部地域へ政策の重点を移行させる戦略である。西部大開発には、多くの資金と時間、労働力が欠かせないが、中国経済の持続的な高成長を実現するための起爆剤になるものと期待されている。

西部大開発プロジェクトは国家主導で進められるものである限り、このように国家的観点から西部地域が開発されるのはやむを得ないことかもしれない。しかし、西部大開発が西部地域の自立的発展に役立たないとすれば、早晩多くの住民からこのプロジェクトは遊離するであろう。西部地域は地理的条件およびインフラ不足のために沿海部のような輸出主導型の経済発展は困難である。また、西部地域の人口は約3億人であり、その潜在的な購買力に期待はもてるものの、そのほとんどは一部の都市を除くと農業を主体にした農民であり、購買力を上昇させることはなかなか容易なことではない。外需も内需も急速な拡大が見込めない状況の下では外資による投資は一部の産業や地域に限定されるであろう。

西部大開発は、沿海部の経済発展から取り残された内陸部を経済成長の軌道に乗せるために政府が実施している巨大な開発プロジェクトである。2000年3月、全国人民代表大会で決定されたものである。次のような3大プロジェクトがある。まず、「西電東送」、つまり中国の沿海部の電力不足を解消するため内陸部でつくった電力を送るプロジェクトである。「南水北調」とは、中国南部の余った水を北部に送り、慢性的な水不足を解消するものである。「西気東輸」とは、中国西部の新疆ウイグルのタリム油田などで取り出した天然ガスを沿海部にパイプラインで輸送する計画である。西北エリアの拠点都市が西安であり、南西部の拠点都市が重慶である。

それでは、西部大開発が必要とされる理由はどこにあるのだろうか。まず、第1はもはや放置することのできなくなった東西の格差である。二十数年間の改革・開放によって、東部地域は中国のなかでも突出した地位を占めるに至った。その結果、東西の所得格差は年々増大することとなった。2000年には東部の一人当たりGDPは西部の2・4倍である。中国で最も所得の高い上海の一人当たりGDPは西部内陸部に位置する貴州省の13倍である。二十数年間の改革・開放政策の下で西部地域は完全に取り残されてしまった。しかも、西部地域は少数民族の多くが定住する地域(16)で、民族問題をおさえ国家安全保障の面からも格差是正は不可欠である。

第2に西部大開発を中国が進める理由としては、この地域の開発によって水道、電力などのインフラを整備しつつ、農村の収入を増加させ、潜在的な需要を顕在化させる必要がある。西部大開発は中国経済の外需依存体質を内需主導型に転換させる役割をもつ。

第3の理由としては、WTO加盟によって競争力の弱い農業への影響が大きく、農業への依存度が高い西部地域に大きな打撃を与え、雇用問題などが深刻になる恐れがあるので、西部大開発が必要となる。

第4の理由としては、長期的なエネルギー確保の観点からである。中国ではエネルギー消費量の70％を石炭に依存しているが、環境問題が深刻になってきたので環境に対する負荷の小さい石油、天然ガスなどのクリーン・エネルギーを利用する必要がある。

第5の理由は環境問題の観点からである。河川上流の森林伐採や急傾斜地の開墾などによって表土流出、砂漠化が進み、下流では大規模な洪水が発生している。こうした環境問題を解決し、中・下流域の経済発展のためにも上流域の環境保護対策が重要である(17)。

ところで、西部大開発の対象地域というのは、12省・市・自治区で、その面積は687万㎢と中国全体の71・6％を占める。この広大な地域には、天然ガスや非鉄金属など多種多様な地下資源が眠っており、その開発による効果は大きいといわれている。しかし、この広大な地域を一律に開発することは事実上不可能であるばかりか、限られた資金を効果的に使い、投資効果を高めることはきわめて重要なことである。そこで、発展の可能性の高い地域を優先的に開発し、その成果を周辺地域に拡大させるというやり方をとらざるを得ない。

重点的に開発する地域としては、①西隴海蘭新線経済地帯、つまり新疆ウイグル自治区、青海省、甘粛省、寧夏回族自治区、陝西省、内モンゴル自治区で構成される地域の石油・天然ガス、石炭などのエネルギー資源の開発、地下資源の開発、②長江流域経済地帯、つまり、四川省、雲南省、重慶市などで構成される地域の豊富な水資源の開発、交通網の整備、製造業・サービス業の発展である。三峡ダムを含めて長江流域は「西電東送」「南水北調」プロジェクトでも大きな役割を果たすものと期待されている。さらに③南貴昆経済地帯、つまり雲南省、貴州省、広西壮族自治区で構成される地域では豊富な鉱物資源の開発が計画されている。

西部大開発計画を進めるためには、今後10年間に10兆元といわれる巨額の投資が必要であるが、その資金をいかに調達するかが大きな課題となっている(18)。中国政府の日本のＯＤＡに対する期待は大きいが、２００１年10月に策定された対中国経済協力計画に基づき、沿海部のインフラ整備から環境や内陸部への貧困対策などに移した。政府の役割はインフラ建設や資金の重点的投入、あるいは優遇政策の実施といった舞台づくりであるといわれており、実際にその舞台で活動するのは民間資本である。西部大開発は国家主導で進められているものではあるが、その主役はあくまで企業や個人である。中国政府の最大の課題はいかにして内外の企業の投資を西部へ誘導するかである。

ところで、こうした西部大開発計画に疑問を呈する人も少なくない。そのひとつは、国の大きさの問題であり、「国のサイズが大きい中国の場合、韓国や台湾のように成長の成果が全体に均霑していくのは容易なことではない」(19)という意見である。さらに「交通の不便、インフラ整備の遅れなどを考慮すると、沿海部のように大量の外資が積極的に進出するとは思われない。かりに内陸部の開発地域が経済成長したとしても、それは内陸部のごく一部が沿海部の仲間入りをするにすぎず、沿海部―内陸部の格差構造は依然として解消しないであろう」(20)といった意見もある。

いずれにしても西部大開発が成功するか否かは加藤弘之が言うように「市場経済をいかに育成、発展させるか」(21)であろう。しかし、市場経済化を進めれば進めるほど貧富の格差、地域格差が拡大するのも事実である。西部大開発の拠点都市は言うまでもなく重慶市である。重慶は北京、上海、天津市についで中国で4番目に直轄市となった。その中心人物が薄熙来である。薄氏は「太子党」と呼ばれる党幹部の子弟グループに属し、次期国家主席といわれる習近平に近い人物である。大連市長時代にはキャノン、パナソニック、東芝などの企業を誘致し、重慶でも伊藤忠商事、三井物産、三井商事などと提携し、ローソンの重慶出店を指揮するなど高い経済成長と貧困層の底上げを実現した薄氏の手腕に対し市民の評価は高い。東北部の遼寧省長や商務相などの要職を歴任した。薄氏は2007年に重慶市党書記に就任すると暴力団排除の「打黒」運動や毛沢東時代の革命歌を広める「唱紅」運動などに取り組んだが、強引とも言われる政治手法が胡錦濤国家主席政権内でも反発を招いていたとされる。中国共産党中央委員会は2012年3月15日、次期指導部入りが有力視されていた薄熙来党委員会書記の解任を発表した。胡錦濤国家主席は和諧政策を推進しており、「『和』『安定』『平穏無事』を最大の政治目標とする指導者である」(22)といわれる。

重慶市は都市部と農村部をあわせた人口は3000万人を超え、中国最大の都市であり、経済が抱える問題点を直視し、「重慶モデル」といわれる新しい成長モデルを追及してきた。この新しいモデルの核心部分は格差を是正し、富の分配の公平・公正を図り、市民生活を最重要視することであった。阿古智子は「『重慶モデル』で中国の都市－農村格差は解消できるのか」(23)という疑問を投げかけた。重慶市は2010年3月から戸籍制度の改革に着手し、農村部からの出稼ぎ労働者、つまり「農民工」に都市戸籍を取得させることなどに取り組んできた。2008～2010年の3年間、重慶市の経済成長率は13・1％、14・9％、17・1％を記録し、年平均15％で、全国平均の9・7％をはるかに上回った。その意味では一定の成果を上げたのは事実である。しかし、最近は復古的な大衆運動で共産主義の宣伝に熱心であったといわれ、政治手法が批判されたようである。

薄氏の政治手法は「改革開放路線を突き進んだ結果、蓄積された社会経済の矛盾を解決するとして、新左派と呼ばれる保守学者や格差拡大を不満に思い、毛沢東時代にノスタルジーを感じる農民や労働者たちから強い支持を得ている。一般に太子党は既得権益層として改革開放層として改革開放の恩恵を受けてきたグループであり、欧米志向が強い。しかし、薄氏は、重慶という保守的都市で保守的路線を採って政治的成果を上げ、中央政治局常務委入りを狙っている」(24)とさえ言われるのも当然のことかもしれない。

注

（1）胡鞍鋼著・王京濱訳『経済大国中国の課題』岩波書店、２００７年、57頁

（2）清水美和『中国農民の反乱』講談社、２００２年、２５４頁

（3）石田浩『貧困と出稼ぎ』晃洋書房、２００３年、三谷孝ほか『村から中国を読む』青木書店、２０００年、は解放から改革・開放までの50年を5カ村について丹念に調査したものである。

（4）『日系ビジネス２０１２』２０１１年、12頁

（5）西部開発については中藤康俊編『現代中国の地域構造』有信堂、２００３年、１７６～１７９頁、を参照されたい。

（6）中藤康俊『北東アジア経済圏の課題』原書房、２００７年、90頁

（7）王浩・楊武編著『新編中国経済地理』中央民族大学出版社、２００８年、５４２頁

（8）中藤康俊『環日本海経済論』大明堂、１９９９年、同『北東アジア経済圏の課題』原書房、２００７年、同『冷戦後の北東アジアと日本』大学教育出版、２００８年

（9）中藤康俊『北東アジア経済圏の課題』原書房、67～84頁

（10）三菱総合研究所編『中国情報ハンドブック、１９９４年版』蒼蒼社、１９９４年、３６６頁

（11）橋本介三編著『中国の開放経済と日本企業』大阪大学出版会、２００２年を参照されたい。

（12）今井健一『東北アジア経済圏の胎動』アジア経済研究所、１９９２年、71頁、のなかで「東北アジア経済圏は独立の経済圏というよりは西太平洋地域の国際分業の中の局地経済圏としての意味が大きいと思われる」という。

（13）関満博『中国開放政策と日本企業』新評論、１９９３年、１２２頁

（14）陶良虎主編『中国区域経済』研究出版社、２００９年、29頁

（15）高振剛・高緬厚・張慎峰・王曙光・孟光・唐一溥著『西部大開発之路』経済科学出版社、２０００年

（16）佐々木信彰編『現代中国の民族と経済』世界思想社、２００１年

（17）黒岩達也・藤田法子共著『開かれた中国巨大市場』蒼蒼社、２００２年、１７３～１７６頁

（18）三菱総合研究所編『中国情報ハンドブック』蒼蒼社、２００１年版、90頁

（19）西川潤編『開放中国・国際化のゆくえ』有信堂、１９９５年、１５０頁

(20) 西川潤編『開放中国・国際化のゆくえ』有信堂、1995年、149頁
(21) 加藤弘之『地域の発展』名古屋大学出版会、2003年、168頁
(22) 月刊　ボス　臨時増刊、2012年4月、65頁
(23) 阿古智子「『重慶モデル』で中国の都市―農村間格差は解消できるか」(『外交』、No.5、2011、62〜69頁)
(24) 週刊ダイヤモンド、2012年1月21日、66頁

第III部

経済大国の諸問題

第7章　格差・高齢化社会と和諧政策

1　格差社会と農民工

格差社会の形成

今から90年前の１９２１年、上海で結成された中国共産党は地主や資本家を打倒し、農村から都市を包囲する形で国民党政権を打倒して新しい中国を建国した。まさに、労働者や農民など資産を持たないプロレタリアートを代表する政党であった。ところが、中国共産党は10年余り前、大きな方針転換を打ち出した。会社の経営者や大金持ちの人も共産党員になれる資格があるとして、積極的にそうした人びとを取り込むこととした。しかし、この方針転換は外部の起業家を党内に取り込むことよりも、これまで党内にいた多くの人びとが党員資格を維持したまま起業家に転身し、利権や人脈を利用して既得権益を掌握して一大富裕層を形成することとなった。

改革・開放政策により中国は高度経済成長を続ける一方、貧富の格差や官僚の腐敗も年々深刻になってきた。一般国民の目には、経済成長の果実を得ているのは権力を握る共産党幹部とその人脈を利用した起業家など一部のものに限られると映る。それは本人の才能や努力によってではなく地位やコネ、賄賂など不正な手段で成功していると疑念を抱くようになる。中国共産党は何らかの方針をうち出さない限り政権を維持することは難しい。しかし、いまさら鄧小平が進めた改革・開放政策をやめ、毛沢東が考えていた共産主義に戻ることもできない。改革・開放の負の側面を是正するための政策が欠かせないことになった。そのひとつが格差是正である。

中国は都市と農村、都市における農民工と地元の都市民が存在する二重構造の社会である。農民工は計画経済から市場経済に転換する中国で起きた特殊な現象であり、計画経済体制の後遺症である。

農民工の役割

農民工に対する関心は彼らが経済成長を支えてきたという歴史的事実であり、もうひとつは就職、失業、医療、教育などの面で差別があることである。1980年代の農民工は離農するが離村はしない、つまり「離土不離郷」である。人民公社は解体し、農家の余剰労働力が顕在化するようになった。この時期には農家の余剰労働力と余剰資金で郷鎮企業が興されたので農業との兼業が可能になった。1990年代になると、一時的には離村するが、いつかは帰郷する。つまり「離郷不背井」と呼ばれるものである。都市で働くものの家族は田舎に残しており、いつかは帰郷するというタイプである。この時期には内陸部の農村から大量の労働力が流出した。しかし、田舎から戸籍を都市に移すことはできなかった。2000年代に入ると、農村を離れ、都市に移住する、つまり「離郷又背井」と呼ばれるものが現れたが、農民工の都市における定住化である。

農民工の実態について量的把握はかなり難しい。中国政府の農業部が1986年から実施しているデータであり、もうひとつは国家統計局の家計調査がある。国家統計局発表によれば、農民工は2006年には1億3000万人である。農民工の多くは経済発展が遅れ、雇用機会の少ない内陸部から都市化・工業化の進む沿海部に流出する。

国務院は2006年に農民工問題の解決に関する通達を出したが、「農民工はわが国の改革開放と工業化、都市化の過程で現れた新型の労働者であり、都市の繁栄、農村の発展および国家の近代化建設に重大な貢献をしていると、農民工の果たす役割を積極的に評価する一方、現存する多くの問題が少なからぬ社会的矛盾やトラブルを引き起こしており、それらをきちんと解決することは社会的公平と正義を護り、社会の調和と安定を保たせる上で必要不可欠である。農民工問題の危険性を認め、問題解決の意義が強調された」(1)というが、「農民工は体制転換を経験中の中国で起きた特殊な現象であり、計画経済体制の残した後遺症でもある。それを根本的に変えるために、農業、非農業という身分的性格の強い戸籍制度を無くす必要がある」(2)。

新世代の農民工と生活

中国は１９７８年末以来の改革・開放政策によって高度経済成長を達成し、アメリカについで世界第2位の経済大国になった。大都市には高層ビルが立ち並び、道路には自動車が溢れており、活気がある。都市の人びとの暮らしは一見先進国と間違えるほど豊かである。しかし、そうした都市の人びとの華やかな生活も実は農村から食糧の供給、高層ビルの建設や工場で働く出稼ぎ労働者によって支えられてきたことを忘れてはならない。その人たちは「農民工」と呼ばれる。春節をふる里で過ごした農民工たちは全国各地の農村から都市に向かう。

中国では13億の人口のなかに農民工は国家統計局の調査によれば、２００８年には2・5億人いると言われているが、このうち60～70％は１９８０年代と１９９０年代に生まれた若者たちである。彼らは「新世代の農民工」と呼ばれる。かつて農民工は一人で都市に出稼ぎに出て、稼いだ金はふる里の家族に送って、家族を養ったり、家を建てる資金にした。ところが、新世代の農民工は都市の生活に憧れて、自分の夢を追うためにふる里を離れた者が多い。新世代の農民工はかつての農民工と比べ、農作業の経験もないのでふる里に帰っても農作業はできない。彼らの親の世代よりも教育レベルは高く、生活感覚も違う。彼らは親たちのようにふる里にもどることもないし、少なくとも毎年春節（旧正月）にふる里に帰ることはない。農民工の給料は都市の労働者の給料に比べると遥かに安く、都市での生活は苦しいが、１カ月の給料は何カ月分の農作業に相当する。それだけではない。都市には映画館やカラオケ、インターネットカフェなど若者の好きな娯楽施設がいっぱいあり、新世代の農民工には魅力的である。新世代の農民工たちは農村に戻らず都市で生活しようとしている。彼らが求める給料の基準も農村生活から都市生活に変化した。しかし、会社側は依然として農村を基準として考え、昇給も認めない。１日のほとんどを工場の敷地内で過ごし、自らの生活空間もないなかで都市で生きていくためには企業と戦うしかない。だからストライキをするのだという。さもなければ、自殺するしかないと悲しいことを言う。北京や上海はオリンピックや万博で大きく変わり、にぎわっている。携帯電話やインターネットなどの消費文化も大都市が中心である。新世代の農民工は前の世代とは価値観がまったく異なる。

多くの国民、なかでも出稼ぎ労働者は厳しい生活を強いられている。前述の朝日新聞（２０１１年6月26日）では一例として四川省出身で新とう鎮の縫製工場で働く男性は夜７時から翌朝８時まで働いて月収２０００～３０００元（1元約12円）で、４年前と比べると2倍近く上がったが、物価の上昇に追いつかないという。

出稼ぎ労働者は賃金だけでなく都市戸籍が取得できないので住宅や社会保障、子供の教育などの面で多くの差別を受けている。北京には「無料で義務教育を受けられない出稼ぎ労働者の子供が約37万人いる」[3]といわれる。それればかりか、農村に残された子供たち、いわゆる「留守児童」は５８００万人も存在するといわれているが、離れ離れの暮らしは親子の絆を弱め、教育の面で問題があるといわれている[4]。父親が出稼ぎに行き母親が子供と一緒に残ることが多いものの、両親とも出稼ぎに出る家庭も多く、表7‐1によれば52・86％と半数以上に上ることである。しかも、それは小学生の場合には６割近くまで増大する。親たちが留守の間、結局は祖父母が子供たちの面倒をみることになる。

都市に居住する農民工の子供は一般の学校に行けないので民工学校に行かざるを得ないが、「農民工の子弟は、保護者が忙しいため、地元の生徒ほど親の世話を受けられず、学校の設備や教員の素質にも地元学校との差が大きい。そのため、教育の質に多くの問題がある」[5]。農民工の「社会保障問題は解決されないままで、ほとんど空白の状態が続いている」[6]という。最近、中国政府は公的年金・医療制度の整備を加速させており、社会保険法の制定を本格化させ、手当てが不十分であった出稼ぎ労働者（農民工）も支給対象とする。その農民工は2・2億人にも上るといわれている。沿海部と内陸部、都市と農村の所得格差に伴う不公平感を解消するため２０１２年までに年金基金の一元化も目指すという。

出稼ぎ労働者のストライキと暴動

２０１０年５月、中国広東省のホンダ部品工場で起きた賃上げ要求ストライキの前後から各地でストライキが頻発した。賃上げストライキはその後に天津や広州のトヨタ自動車の部品工場だけでなく重慶にある欧州のビール製造工場、北京にある韓国の自動車工場でも発生した。さらに、２０１１年10月には広東省でシチズン時計などが生産委託する工場で給与体系の変更などを要求してストライキが起き、２週間生産がストップした。11月には東莞市の香港系靴工場で受注減によるリストラや残業取りやめに数千人が抗議してストライキが発生した。労働力不足を背景にした「新民江」と呼ばれる若い世代を中心にしたストライキが続発している。大幅な賃上げを迫られた企業も少なくない。今の賃金水準では出稼ぎ労働者は子供を呼び寄せ、学校に通わせることもできず、将来設計ができないという。

低コストの労働集約型産業で「世界の工場」と呼ばれるまでに発展した中国広東省で人件費の上昇が長期に及ぶ見通しである。広東省は「２０１１年３月に月額最低賃金を17～20％上げたのに続き、12月はじめにも上げる考えを外資系企業の一部に伝えた」[7]。低コストの輸出拠点として進

表 7-1　農村留守児童の家族構成と家族状況（%）

同居家族	男	女	0～5歳	6～11歳	12～14歳	15～17歳	平　均
母親のみ	22.48	22.86	16.19	21.55	27.09	29.67	22.66
母親・祖父母	10.67	10.79	19.02	9.37	6.55	5.53	10.73
父親のみ	9.46	9.43	3.53	7.49	12.58	18.88	9.45
父親・祖父母	4.29	4.31	5.96	3.97	3.34	3.55	4.30
祖父母のみ	25.72	25.39	37.98	28.06	17.42	10.91	25.56
非親族	14.82	16.76	9.33	17.50	19.31	17.82	15.72
その他	12.56	10.45	7.98	12.07	13.71	13.64	11.58
合　計	100.00	100.00	100.00	100.00	100.00	100.00	100.00
父母いずれかが留守	46.90	47.39	44.70	42.37	49.56	57.63	47.14
父母ともに留守	53.10	52.61	55.30	57.63	50.44	42.37	52.86

出所：全国婦女連合会『全国農村留守児童状況研究報告』2008年。
資料：三好章「『農村留守児童』について」『中国21』Vol.30より引用。

出した企業には大きな痛手である。広東省の労働集約型産業は人件費のより安い中国内陸部に移る傾向があり、付加価値の高い産業への構造転換を迫られている。

経済発展の著しい沿海部では大量消費社会である。物価の上昇に給料が追いつかず労働者の不満がたまっていたようである。安くて豊富な労働力が「世界の工場」として中国の売り物であったが、若い世代は大幅な賃上げを要求した。賃金が上がれば可処分所得が増え、消費を刺激する。中間所得層が増えれば需要が拡大し、モノが売りやすくなる。しかし、生産性の向上を大きく上回る賃金の上昇は問題である。中国の国際競争力が低下すると、輸出拠点ではなくなる恐れがあるからである。労働者の要求を認めざるを得なくなった企業は中国の「低賃金労働時代」の終わりを実感した。中国政府も賃上げを黙認したが、輸出依存から内需拡大への転換を図るには労働者の所得上昇が欠かせないと判断したようである。

２０１１年6月12日、中国国営新華社通信は広東省広州市郊外で11日、露天商に対する治安当局者の取締が原因で暴動が発生したが、警察に排除されたと報じた。この露天商の女性は夫とともに四川省から出稼ぎに来ており、スパーマーケットの店頭で違法に露天を開いていたという理由で治安当局が撤去を命じたことに周囲にいた労働者らが反発して暴動に発展したものである。露天商の女性が妊娠中であるにもかかわらず、治安当局の殴る蹴るの暴行を受けたというものである。１０００人以上が加わる暴動に発展し、25人が警察に拘束されたという。

こうした暴動は中国各地で頻発していると朝日新聞（２０１１年6月26日）は「不公平感中国各地に暴動の火種」というタイトルで報じた。4月下旬には上海でトラック運転手約1万人が燃料価格値上げに抗議して警官隊と衝突、5月26日には江西省撫州で立退きに恨みをもつ男が地元政府関連施設を連続爆破させた。さらに5月下旬には内モンゴル自治区シリンホトなどで、6月7～10日には湖北省利川市で、10～12日には杭州市と広州市で、12日には河南省鄭州市で、18日には広東省深圳市で暴動が発生した。

これらの暴動で注目すべきことはほとんどが数百人から千人規模の群衆による抗議活動で、多くが治安部隊と衝突していること、さらにはわずか1カ月の間に沿海部から内陸部の広い地域にわたって次々と発生したことである。また、暴動に共通していることは不満の矛先が地元の行政当局に向けられていること、さらには暴動に参加した人たちの多くが今の中国社会では取り残された人びとであるという点である。

　現在、中国で工場の従業員の中核になっているのは1980年代以降に生まれた、いわゆる「80後」といわれる若者である。彼らは一人っ子政策の下で生まれ、大切に育てられた「小皇帝」「小皇后」と呼ばれる。彼らは差別や格差に敏感で、ストライキの中心である。

　ストライキを回避するためには日頃から労働者と意思疎通を図り、良好な労使関係を築くことが肝要であろう。経営陣に中国人を登用するなど企業の「現地化」が不可欠である。いずれにしても、安価で豊富な労働力だけを求めて中国に進出する企業戦略は再検討を迫られている。

2　人口問題と高齢化社会

人口大国と高齢者の増加

　国連が公表した世界人口推計（2010年版）によれば、世界の総人口は2011年には70億人を突破した。中国、インドなどの新興国の人口増加が著しいが、なかでも中国の人口は2030年前後には14億人前後になるものと予測されている。中国の国家人口計画出産委員会は人口が年平均800万人以上のペースで増加しており、2009年には約13億5000万人に達したという。さらに、2015年には約13億9000万人に達する見通しであると発表した(8)。中国の張維慶（国家計画生育委員会主任）は「依然として人口過剰傾向は続いており、21世紀に中国が直面する人口問題は重大だ」(9)という認識を示した。

中国は「人口大国」である。13億人を超える膨大な人口は豊かな労働力であり、経済成長によって巨大な市場ともなる。しかも、最大の特徴は広い底辺に支えられた高いピラミッド型の構造である。8～9億人といわれる貧しい農民がピラミッドの底辺を支えており、頂点には富裕層が存在する。ピラミッドの中間には所得が今大きく伸びている都市住民がいる。中国は今後「世界の市場」となるに違いない。

中国の60歳以上の高齢者は「2009年度中国高齢事業発展統計公報」によると1億6700万人を超え、総人口に占める割合は12・5％に達している。ユネスコ（国連教育科学文化機関）が制定した規準では、60歳以上の人口が10％に達した時点ですでに「高齢化社会」に入っているとみなされ、2020年には5人に一人が高齢者となるものと予想されている。2010年の国勢調査では0～14歳の人口割合は全体の17％と1990年の調査の前回比で6ポイント低下し、逆に60歳以上は12％と同3ポイント上昇した。現在の中国では日本より速いスピードで高齢化が進んでおり、現在日本が抱えているのと同じような問題が起こることは間違いない。社会保障制度が未成熟なまま高齢者人口が増えることへの危機感は強い。しかも、中国の平均寿命は新中国建国前には35歳であったが、2001年には71・8歳に達した。WHO（世界保健機関）によれば平均寿命が70歳を超えると「長寿国」というが、その意味では中国もまた長寿国の仲間入りを果たしたことになる。このこと自体は喜ばしいことであるが、中国では一人っ子政策によって若い人は増えないので少子高齢化社会を迎えている。

一人の女性が一生に産む子供の数を示す合計特殊出生率は2010年には1・4であって日本の1・39に近づいており、政府は「一人っ子政策」を見直さざるを得なくなっている。中国では「未富先老」、つまり一人当たりの収入が高くないうちに高齢化が進むという状況である。改革・開放政策を始めた30年前には8割が農民であったが、2011年には都市人口は51・3％と農村人口と逆転した。急速に人口構成が変わり、地域の変動が激しい中国は今まさに転換期にあるといえよう。

中国は経済的には発展途上国ではあるが、人口構造は先進国型といってもよい。「先進国が高齢化社会に到達した際の一人当たりGDP（国内総生産）は5000～1万ドルだった。これに対し我国が到達した1999年では、わずか806ドルにしか過ぎず、2009年時点でも4000ドルに届いていない。豊かになる前に高齢化社会に到達してしまった」(10)という。

中国では公務員は60歳で定年となり、普通の会社では50歳で解雇になるか、「一時帰休」ということになり、高齢者は働く職場がなくなる。朝は早くから起き、公園で太極拳の体操をしたり、散歩する。昼間はお年寄り同士で将棋をするか、孫の守りをする。50歳以上の高齢者が昼間Yシャツにネクタイを締めて通勤する人を見かけることは珍しい。

高齢化が進むと、先進国でも高齢者を支えていくことは容易なことではない。ましてや、発展途上国である中国ではいっそう困難を伴うことは言うまでもない。中国では「養児防老」ということわざがある。これは子供を育て、老後の不安を防ぐという意味である。また、中国の家族構成はしばしば「4・2・1」であるといわれる。これは一人の子供に両親、さらに祖父母という意味である。また、「三・四世代同堂」ということわざもある。これは、三・四世代大家族のことである。中国では古くから伝統的な家庭観があり、子供よりは高齢者を大切にすることが美徳とされてきた。また、中国には儒教の精神があり、お年寄りを大切にする慣習がある。地下鉄やバスに乗ると、混雑しているとき、20代、いわゆる「90後」の青少年から席を譲られることがある。しかし、最近は必ずしもこういうことが言えなくなってきた。社会保障制度の充実が望まれる。

人口抑制のため、1979年から一人っ子政策を続けている中国では日本以上のスピードで高齢化が進んでおり、老人介護の巨大な市場が見込まれる。日本の優れた介護サービスを売り込めば大きなビジネスに育つ可能性があるといわれる。日本企業のなかには中国市場への参入を進めている企業もある。朝日新聞（2011年12月19日）によれば、ロングライフホールディング（大阪市）は山東省の青島に医療施設やプールを備えた高級有料老人ホームを完成させ、富裕層の取り込みを図っている。埼玉県と神奈川県で介護施設を運営するウイズネット（さいたま市）は大連市の国営企業と合弁会社を設立し、介護ヘルパーを派遣している。グループホームを展開するメディカル・ケア・サービス（さいたま市）も上海の企業と合弁会社を設立して老人ホームを運営する計画である。ニチイ学館（東京都）の子会社は上海に新会社を設立して車椅子や介護用ベッドを販売する計画である。

日本経済新聞（２０１２年１月９日）によれば、医療・介護の人材派遣業のセントスタッフ（東京都）は中国の介護事業者向け教育事業を始めるという。２０１１年３月に中国人の看護学生を日本に招待して介護技術を研修する事業を計画していたが、東日本大震災と福島第１原子力発電所の事故で中止となっていたものである。現地に講師を派遣し、介助方法や接遇マナーなど日本式の介護を教える。このほか、中国政府が山東省に開設する有料老人ホームに社員を派遣し、中国人の介護職員を教育する計画もある。２０１２年５月には北京の介護事業者への派遣も決まっている。教育事業を通じて中国の介護市場の状況や同国での施設運営のノウハウを取得する予定である。

写真 7-1　子供たちを遊ばせる人たち

中国政府にとって社会の安定は最も重大な政治課題であるといってよい。社会保障制度は建国直後から検討されてきた。「都市部では社会保険、社会福利、社会優待と身障者保護によって構成されている。農村では都市部よりは早く、建国前の開放地区における地域集団による貧困家庭に対する相互生活扶助制度としての五保戸（食・衣・燃料・教育・葬式の５つの保障）、合作（協同）医療を嚆矢とし、その後、１９８０年代後半になって一部の経済が比較的発達した省において実験的に農村年金制度が開始されるようになった」[11]。

中国では市場経済化と国有企業の改革、高齢化が進むと保険・年金制度の確立が重要になってきた。日本経済新聞（2012年1月21日）によれば、社会保障制度を構成する5つの保険（養老年金、医療、失業、労災、出産・育児）の基金の総収入が2011年には前年比26％増の2兆3700億元（約28兆円）、総支出が21％増の1兆7900億元であったという。総収入の伸び率が2010年の16％も上回ったのは加入者の増加を反映したものとみられる。都市部の労働者には年金制度があるが、農村部には1992年に農村社会養老保険ができるまで長い間年金制度がなかった。かつては農村では大家族制度で農業に従事していたが、いまでは子供たちは都市部に働きに出るので高齢者を支えてくれる人はいないというのが実情である。これから高齢化を迎える世代は、頼りにできる子供の数が少ない。その上、急激な経済成長で子供たちの価値観や生活習慣も大きく変わり、親も子も同居を避けるようになった。かつて、中国の家族は固い絆で結ばれ、相互扶助がなりたっているといわれてきたが、今ではそうではない。老後の蓄えのある高齢者は老人ホームに入居できるが、経済力のない高齢者は夫婦どちらかがなくなった後は「独居老人」となるしかない。それでも、一人で生活できる間はよいが、介護が必要になったときはどうすればよいだろうか。

民間調査機関のニッセイ基礎研究所が国連統計をもとに中国の65歳以上人口を予測したところ、2010年には約1億1000万人（8％）であるが、20年には12％、40年には23％になるものという。中国では日本以上のスピードで高齢化が進んでいる。都市部の労働者は半分近くが養老保険に加入しているが、農村の労働者の中で養老保険に加入している者はわずかに10％余りしかいない。年金制度も十分ではないので将来に不安を抱えたままである(12)。

中国政府の第12次五カ年計画（2011～2015年）は、経済成長持続の可能性を重視した政策を打ち出しているが、政府が中長期のリスクを意識していることがわかる。対木さおりが「将来直面する成長鈍化局面において、さまざまな歪みを調整し、政府が少子高齢化に対応した経済・社会システム変革に成功するかどうかに全てがかかっている」(13)と指摘するように、中国では長寿化と一人っ子政策の影響で2015年以降に少子高齢化が急速に進む。

なお、13億人の人口大国も将来を考えると避けて通れない問題は社会保障制度である。残念ながら現在の社会保障制度はいくつかの問題を抱えている。

家庭における女性の地位

中国ではよく「空の半分は女性が支えている」と言われる。たしかに、中国では女性も男性と同じように働いているから当然のことである。北京でバスに乗ると、女性が運転手で、男性が車掌という場合がある。日本では考えられないことである。日本ではかつて「男尊女卑」があり、男性中心の社会であり、男性は仕事、女性は家庭と言うように役割分担があった。今では若い人たちは共稼ぎの家庭が増えたのでこういう役割分担は少なくなった。それでも、中国のようにはなっていない。

中国の家庭では食事をつくるのは女性とは限らないという。つまり、職場から早く帰った人が食事をつくるという家庭が多いという。学生諸君の話ではお父さんのつくった食事のほうが美味しいということであった。上海では「家事は夫の役割というのが一般的なパターンである。多くの亭主は仕事の帰りに買い物をし、そのうえ奥様に夕食の料理までして差し上げるのである。できるだけのサービスを施し、女性に喜ばれ、そして女性からいかに必要とされている男であるかが、格好いい上海男の『粋』とでもいうのだろうか」(14)。

女性の男性観と結婚

中国では女性が結婚するとき、相手の男性は数年前までは「高学歴で、身長が高くて、給料の高い人」ということが条件であったが、最近では「家があり、クルマがあって、高額の預金のある人」という条件だそうである。

上海の女性からみた結婚対象者は「1に家持ち、2に両親と別居、3にホワイトカラー」(15)という。中国では急速な経済成長を背景に若い女性の間で実利重視の結婚観が広がっており、愛よりも不動産を優先する風潮が広がっている(16)という。結婚のとき、男性側が住宅を用意するという伝統は最近の不動産バブルによって多くの人にとっては不可能に近い。しかも、郊外に住宅を持てば、当然クルマを持たざるを得ないことになる。そうであれば、クルマが増えるのは当然であろう。北京市の人口が郊外で大幅に増加しているのは住宅事情とクルマ社会がその背景にあるといえよう。

現代化の進む中国では最近、伝統的な美徳を兼ね備えた女性と結婚することが難しくなってきた。そこで、多くの男性は外国、特に日本の女性と結婚することを希望する。一般的に、日本の女性は中国の女性よりも穏やかで礼儀正しく、質素で控えめで、家庭的であると言われている。伝統的に日本では男性は外で働き、女性は家庭を守るというのが一般的であった。最近の若い人は共稼ぎの家庭が増え、必ずしも、こういうことは言えなくなってきた。昔のように妻が夫にかしずく時代は過去のものになりつつある。これからは男女平等な社会になることが日本にとっても国民にとっても、また女性にとっても望ましいことであろう。

しかし、中国人と日本人の国際結婚は増加している。特に、中国でも内陸部や東北地方の農村では貧しいため日本人と結婚し、日本で生活することを望むケースが増えている。日本でも東北地方の農村ではお嫁さんがなくて結婚のできない男性が多いのでどちらも条件がうまく合致する。ただ、離婚するケースも増えており、必ずしも国際結婚がうまくいっているわけではない。中国では2010年に離婚届を提出した夫婦は196万1000組で、1日平均5370組に上ることが中国民生省の調査でわかったが、近年、離婚は増加し続けている。なぜであろうか。

かつては共働きのため夫婦で家庭を切り盛りしなければ生活が成り立たないという事情があった。しかし、今では経済が発展し、相手の収入をあてにしなくても生活ができるという事情がある。また、ネットや娯楽施設の充実で異性と知り合うチャンスが増え、昔のような道徳観や価値観も変わって気軽に離婚するというケースもあるという。最近は自動車が増え、クルマを買うとか、郊外に新しい住宅を建てるとお金がかかり、仕事や付き合いを優先させるので夫婦の対話が欠け、離婚に至るケースもあるという。中国では離婚率が7年連続で上昇し、２０１０年10～12月に上海では29％、北京では23％に達したという(17)。経済成長と伝統のはざまで結婚をめぐる中国人の悩みはつきないようである。

前に述べたように中国では１９８０年代に生まれた人たちは「80後」といわれる。中国は１９７９年から一人っ子政策を始めており、兄弟がいないことが特徴である。この人たちは改革・開放政策によって外国文化、特に「セーラームーン」や「ドラえもん」などの日本のアニメの影響受けて育った世代である。次の世代の「90後」とは違い、貧しかった中国も知っている。文化大革命の余韻が残る時代から世界第2位の経済大国になるまでの変化も知っている世代である。いま20～30歳代の人たちはいわゆる「80後」と呼ばれる人たちで、「小皇帝」として幼少の頃から溺愛されてきたので忍耐力に欠けるとも言われる。そのため、夫婦間でうまくいかなくなると、離婚になりがちである。

女性の服装・お化粧

中国経済は改革・開放以来、高度成長を実現し、２０１０年には世界第2位の経済大国となった。高度経済成長の原動力としては政治、経済、社会などさまざまな要因が考えられるが、そのひとつは個人消費である。かつて、中国は「世界の工場」と言われていたが、今では「世界の市場」とさえ言われるほどである。中国の市場は急速に拡大し、個人消費の伸びは目覚ましい。「上海など大都市の成熟した消費者には、そうした既存の見栄文化とはかなり趣を異にする意識が生まれつつある。それは、生活を楽しむためのソフト、モノを使いこなせるような情報やサービスの提供といった、目の見えないサービスソフトを重要視する意識である」(18)。中国において上海は「ファッションの街といわれて久しい。開港都市として古くから外国人が出入りすることで人から見られているという意識が高く、綺麗に見せたい、観られたいというおしゃれ心が培われたという土壌がある。現代の若者はおしゃれの選択肢が増え、懐具合とセンス次第でファッションを存分に楽しめる状況だ」(19)という。

特に、中国の消費動向を知る上で30代の女性は注目すべき存在だといわれるが、彼女たちはポスト文革世代であり、中国の新しい豊かさの中で生まれ育った世代である。「中国では伝統的にモノをステータスシンボルとする傾向が強かったが、30代女性はサービスやソフトといった、目に見えない部分を評価し尊重する世代である」(20)。

筆者は北京に滞在中しばしば北京一の繁華街である王府井や若者の街である西単に出かけた。王府井には世界の有名なブランド店が立ち並び、西単では若者向けのショップが所狭しと軒を連ねている。百貨店には日本人の感覚からしても決して安いとはいえない商品が並べられており、都市中間層のしたたかな購買力を実感せずにいられなかった。中国の物価水準からすると、とても安いとはいえないスターバックスのコーヒーを飲みながらパソコンを動かしている若者もいた。胡同と呼ばれる古い路地もいまや観光地となっている。急速な経済成長を背景に中国都市部の消費社会の成熟を肌で感じざるを得ない。しかし、その一方で社会的な格差は都市と農村の間だけでなく、都市内部でも広がりつつあり、あらためて都市内格差を考えこまざるを得なかった。

急速に拡大する中国の消費市場を牽引しているのは女性の消費行動である。中国の人口13億人のうち女性は6・4億人、48・5％である。女性の中でも消費を支えているのは20～50歳の女性である。中国香料香精化粧品工業協会によると、化粧品の販売額は１９８０年にはわずか3・5億元であったが、２００９年には１４００億元と４０0倍にも増大した。中国で総合スーパーやコンビニを展開しているセブン＆アイ・ホールディングスの村田紀敏によると、中国のイトーヨーカ堂では、２０１１年に金額ベースで消費が一番伸びたのは貴金属類で2番目は女性の化粧品で、「若い人は基礎化粧品を中心に買うが、40歳前後になると、輸入物など高級品の需要が強くなる。次はファッション・カジュアルなものから上品なものに移り、ブランド品を身につける傾向が強まっている。…北京の流行の中心地三里屯に行くと、20代の女性のファッションセンスは日本と同じか、日本以上だ」(21)という。また、服装も派手になり、ファッションに金をかけるようになった。特に、若い女性の服装は驚異的な変化をみせている。沖野真紀は「目覚しい経済成長を続ける中国。急激に拡大するその消費市場を索引しているのは、間違いなくなく女性たちだ。…化粧品市場においては、中国女性の美意識の高まりを背景に、２００５年以降、年平均10％以上という驚異的な成長を継続している」(22)と述べている。

若い女性向けに新興アパレル企業が北京や上海のほか、成長の続く「２級、３級都市」と呼ばれる地方都市に店舗網を広げている。中国国家統計局によると、１９９０年代生まれのいわゆる「90後」世代は人口の約13％を占めるが、改革・開放政策が進み、高度成長の中で育った世代で消費性向が高いのが特徴である。現地の20代女性には日本の流行を取り入れた低価格の衣料が好まれる。現地法人の裁量権を拡大するなど新興企業の機動力を生かして「世界の市場」といわれる中国で市場を拡大する計画である。

今や、中国の大都市は日本と変わらないほどである。中国の経済成長や個人資産・所得の上昇は住宅や自動車、女性の服装の変化に現れている。地元のスーパーよりも外資系のスーパーのほうが女性に人気がある。イトーヨーカ堂は１９９７年に中国に進出したが、現在北京と成都にあわせて12店舗を展開している。今後5年程度で20店舗まで増やす計画である。現在、イトーヨーカ堂の売上高は８００億円、営業利益は数十億円程度とみられている。日本経済新聞（２０１２年2月6日）によれば、資生堂の売り上げは前年比5割増のペースで伸びているという。富裕層の増加を受け、沿海部の大都市から内陸部に店舗を増やす計画である。２０１１年末には25店舗あるが、今後2～3年で50店舗以上にまで増やす計画である。

3　和諧政策の課題

社会主義市場経済

1992年に鄧小平が南方視察の際、改革・開放政策の促進を呼びかけたが、その際「計画と市場はいずれも手段であり、計画が少し多いかそれとも市場が少し多いかは、社会主義と資本主義の本質を区別するものではない」という判断を下した。同年10月の第14回中国共産党大会で「社会主義市場経済」という概念が提起され、1993年の憲法修正で明文化された。「市場経済」というのは資本主義の経済体制と考えられるので「社会主義市場経済」というのは、まるで木に竹を接ぐようなものである。これは一言で言えば、共産党の指導の下で資本主義を導入するものである。

こうした新しい概念が提起された背景としては、改革・開放政策により経済特区・経済開発区の設置、人民公社の解体、生産責任制の導入、郷鎮企業の育成などによって年平均10％を超えるような高い経済成長率を達成し、大きな成果を上げてきたのは事実であるが、国有企業の不振、貧富の格差、共産党幹部の腐敗、沿海部と内陸部、都市と農村の格差などの問題が現れてきたからである。毛沢東による大躍進政策、さらに文化大革命の発動によってむしろ国民の生活水準は低下したが、改革・開放政策によって鄧小平がもたらした豊かさは平等なはずの社会主義中国に格差を生じた。このことは政治は一党独裁、経済は市場経済という体制の限界が現れたとも言える。

北京の街を歩いていると、街角に食べられない老人を見かけることがある。また、地下鉄の電車の中でも見る。やはり、「社会主義市場経済」の名の下に市場経済化が進んだことと社会保障制度の不備に問題があるからであろう。

社区の役割

かつて、中国では国有企業や軍、政府機関などが働く職場であり、衣食住をはじめ医療サービスなどすべてが供給され、特定の「単位」に所属することで身分や地位が保証され、住民の生活上の欲求が保証されてきた。国有企業時代には「『単位』とよばれる職場が人びとの生活の隅々までを支えると同時に監視してきていた」[23]。1980年代に改革・開放政策が本格化するまで都市では国有企業を中心に職場単位の社会保障制度があり、農村では人民公社が農民の医療や老後の生活の面倒までみる互助組織として機能していた。「単位主義体制こそ、中国の改革の前進を阻む最後の要因として働いてきた」[24]とさえ言われる。

写真 7-2 入り口に掲げられている社区の看板

しかし、毛沢東時代に機能していた「単位」も改革・開放政策によってこの仕組みは崩れ、これらの社会機能・サービス機能のほとんどが地域社会に外部化された。中国は社会の安定を図るため、「社区」という中間的な地域単位の組織を受け皿として設け、サービスの開拓や生活の質の向上を目指すこととした。

「社区」は一定の地域範囲内に居住する人びとによって構成される社会生活の共同体とも言える。「単位人」から「社区人」へと変わったのである。まさに「『単位』社会の溶解」[25]である。

「社区」とは中国の都市の行政組織である「市」「区」「街道」の三層構造の地方行政組織の下に置かれる基礎的自治体であり、その「社区」の中核組織として新中国成立直後から設けられてきた地域住民組織として「居民委員会」がある。この「居民委員会」は日本の町内会と類似の組織で、行政の末端組織としての性格と住民の相互扶助的な組織という性格を合わせもつ。

中国政府は「社区」の建設を「党及び政府の指導の下、社区の力に依拠し、社区の資源を活用し、社区の機能を強化し、社区の問題を解決し、社区の政治・経済・文化及び環境の調和的かつ健全な発展を促進し、社区成員の生活の水準及び質を絶えず向上させる過程である」と位置づけている。

中国の「社区建設」は欧米の「コミュニティを建設し、発展させる」という意味である。しかし、欧米の「コミュニティ」が共通の利益あるいは共通の文化や宗教をもつ人びとによって構成され、参加と自治を原則としているのに対し、中国の「社区」は街道辦事処と住民委員会がつくったもので多くの人は政府のために仕事をしているとみている。各社区は服務中心（サービスセンター）が統括、さまざまな住民サービスを提供している。

和諧政策

２００３年に発足した胡錦濤政権は、それまでの高度経済成長がもたらした問題の解決に迫られた。そのためには改革は不可避であった。これまでのような経済発展の量と速さをやみくもに追求するのではなく、新しい経済発展の方式を目指さなくてはならなくなった。それは中国共産党が２００４年に発表した「和諧政策」、つまり国民各階層間で調和の取れた社会を目指すという政策である。胡錦濤政権は国民に対して「和諧社会」を呼びかけているが、なかなかわかりにくい。

「和諧」という言葉を分解してみると、ある発見があった。「和」は食料を連想できる「禾」と「口」からなる。つまり、「衣食足りて礼節を知る」というごく古来の教えである。一方、「諧」は発言する意味の「言」とみんなを意味する「皆」からなり、みんなが自由に発言できるようになってはじめて調和が取れるという意味である。つまり、経済の豊かさと言論の自由が確保されてはじめて政府が言う「和諧社会」が実現できるのである。中国は世界第2位の経済大国となり、改革・開放以来30年間で「和」の目標に近づくことができたが、これから30年かけて「諧」の実現に取り組まなくてはならない。

日本は２０１０年まで40年余りＧＤＰ（国内総生産）世界第2位の経済大国であり、国民の豊かさも世界でトップレベルであったが、それにもかかわらず毎年自殺者は3万人を超え、殺人事件も多発している。不思議なことである。社会の調和がとれていることとGDPの成長は必ずしも関係がないのではなかろうか。

古典的な経済学の理論はもっぱらGDPの成長を目指すためのものである。1972年にローマクラブが発表した『成長の限界』は近代経済学の限界を示唆したものである。1997年の金融危機も近代経済学のモデルの限界を示唆したものである。中国の「和諧社会」もある意味では壮大な実験でもある。30年前に比べると、中国は経済的には豊かになったが、「心」は必ずしも豊かになっていない。「あの頃は貧しくて何もなかったが、時間だけはあった」という言葉をよく聞くことがある。物があっても時間がないというのが今の中国ではなかろうか。

経済成長と道徳心

最近、中国では高速鉄道事故や子供のひき逃げ事件が相次ぎ、あらためて世界を驚かせている。このほか、官僚の汚職や若者の間で拝金主義が蔓延している。商道徳や順法精神の欠如は以前から指摘されていたことである。しかし、国民の意識レベルが上がらないと、政府も国際社会への対応も難しいであろう。

中国は経済規模では世界第2位の経済大国になったとはいえ、一人当たりの所得は日本の10分の1である。所得や地域間の格差は拡大し、多数を占める低所得層の不満は累積している。経済成長の恩恵に浴している都市住民の満足度は高いものの成果を得られていない多数の人びとの不公平感も拝金主義につながっているのではなかろうか。

写真7–3　和諧社会促進の横断幕（北京）

和諧社会建設の課題

中国共産党は２００６年の第16期中央委員会第６回全体会議（６中全会）で、２０２０年までに和諧社会建設のための課題として次のような９項目をかかげた。①人治から法治への転化、②経済格差の拡大是正、③就業と社会保障制度の整備、④公共サービスの向上、⑤道徳と学習の奨励、⑥創造力の向上、⑦社会秩序の維持、⑧環境配慮、⑨高い水準の小康社会（比較的ゆとりのある社会）の全面的な建設である。

さらに、２０１１年の第12次五カ年計画では経済成長パターンの転換を最重要課題とし、需要面から「投資から消費へ」、供給面から「第２次産業から第３次産業へ」、成長モデルとして「粗放型から技術革新型へ」の３つの構造転換を目指すこととした。

今後、これらの課題に積極的に取り組むべきである。

注

（１）厳善平『農村から都市へ』岩波書店、２００９年、49頁
（２）厳善平『農村から都市へ』岩波書店、２００９年、73頁
（３）毎日新聞、２００９年６月５日
（４）朝日新聞、２０１１年11月６日
（５）厳善平『農村から都市へ』岩波書店、２００９年、１２５～１２６頁
（６）王文亮『現代中国の社会と福祉』ミネルヴァ書房、２００８年、１８１頁
（７）日本経済新聞、２０１１年12月４日
（８）中日新聞、２０１１年７月５日
（９）毎日新聞、２０００年11月３日

(10)『人民中国』、2011年3月、29頁
(11)大塚正修・日本経済研究センター編『中国社会保障改革の衝撃』勁草書房、2002年、1頁
(12)王文亮『格差大国中国』旬報社、2009年に詳しい
(13)エコノミスト、2011年12月6日、22頁
(14)射場和行『上海今昔物語』GO‐GO PLANNING、2008年、160頁
(15)射場和行『上海今昔物語』GO‐GO PLANNING、2008年、160頁
(16)日本経済新聞、2011年10月23日
(17)日本経済新聞、2011年10月23日
(18)植野芳雄『台所をのぞけば中国がわかる』日本経済新聞社、2008年、204頁
(19)須藤みか編・共著『上海路地裏万博』2010年、292頁
(20)植野芳雄『台所をのぞけば中国がわかる』日本経済新聞社、2008年、126頁
(21)日本経済新聞、2012年3月12日
(22)沖野真紀『中国女性消費者のリアル』カナリア書房、2011年、14頁
(23)野村総合研究所・此本臣吾『2015年の中国』東洋経済新報社、2008年、59頁
(24)加々美光行『市場経済化する中国』日本放送出版協会、1993年、202頁
(25)遊川和郎『中国を知る』日本経済新聞社、2007年、60頁

第8章 人材の育成と教育システム

1　中国の教育システム

一般に、新興国では人材の育成が遅れている。中国では1978年12月に「改革・開放」が実施されて以来、海外へ留学する人数が増加し続けてきた。アメリカのシンクタンク「国際教育研究所」がまとめた報告書によれば、2010～11学年度にアメリカの大学・大学院に在籍した中国人留学生は前年度比23・5％増の15万7558人にのぼり、2年連続第1位であった。ところが、優秀な人が海外に流出し、留学しても帰国しないという問題がある。せっかく育てた優れた人材が国内にとどまらないという問題もある。「改革開放が打ち出された1978～2005年までに、中国政府の発表によると約93万人の中国青年が海外留学しましたが、帰国した人は23万人ぐらいで、大半の人がいわゆる『頭脳流出』し、留学先の国にとどまり就職している」(1)という。今後、さらに深刻な人材不足が懸念される現在、優秀な人材が海外に多く流出するのはあまりにも惜しい。

中国を出て海外で働いている人の多くは祖国を忘れず、帰国して祖国のために働きたいと思っている人も多いという。グローバル時代の競争に勝ち残るために、有能な人材を育てることはきわめて重要である。加藤弘之は西部大開発について「科学技術や教育への投資を通じた西部地域での人的資本の蓄積という地道なルートを通じて、着実な開発実績を積み上げてゆく以外に方法はない」(2)と述べ、西部開発に当たって教育による人的資本の重要性を指摘している。グローバル時代の競争に勝ち残るためには各国は「有能な人材をどう確保するかに迫られている。又自国の頭脳流出をどう抑えるかも競争力維持の点で重要である」(3)。

ただ、最近では中国は経済成長を遂げ「経済大国」になるにつれ、世界から注目されるようになってきた。日本経済新聞（2012年3月1日）によれば、2011年に中国で学んだ外国人留学生数は前年比10・3％増加し、過去最高の29万人で、出身地別では韓国が6万2000人、アメリカの2万3000人と続き、日本は1万7000人であった。中国の人材に果たす役割が評価されつつあるといえよう。

中国の教育体制は基礎教育、中等職業技術教育、普通高等教育、成人教育の4段階で構成されている。基礎教育は一般の初等、中等教育を言う。初等教育の小学校は6年制、中等教育は中学校と高校からなり、通常はそれぞれ3年ずつである。少数ではあるが、小学校と中学校で一貫教育を行う9年制の学校もある。中等職業技術教育は普通中等専業学校、技工学校、職業中学教育、その他さまざまな短期の職業技術訓練がこれに該当する。

普通高等教育は短大、大学、大学院などの高等教育をいう。このうち、短大は2～3年制、大学は通常4年制であるが医学部は5年制、工学部系では5年制の大学もある。大学院修士課程は2～3年制、博士課程は3年である。成人教育は成人を対象とする各種学校教育や識字率を高めるための教育およびその他の形式の教育である。

教育費の負担はどこの家庭でも大きな負担である。1980年代には無料であった大学の授業料は1990年代の半ばには全国平均で年間約200元となり、現在では年間400元を上回っているといわれる。寮費をはじめとする生活費などを入れると、大学生一人当たりの教育費は年間1万元を上回っているとみられる。「中国国務院傘下の『経済日報』が中国国家統計局に調査を委託し、中国の大連、重慶、温州など10都市、1000世帯、301人を対象に実施した調査によると、最も重要な貯蓄目的として、中国人の36・6％が『子供の教育資金』を挙げている」(4)。

中国は今なお「官尊民卑」の社会であり、大学進学こそ「立身出生」のチャンスであるという考えが強い。そのために親も子供も大学入試のために勉強する。しかし、大学を出ても希望通りに就職できないという問題もある。中国政府の「第12次5カ年計画」では雇用対策、なかでも大卒者の就職対策を最優先課題としている。中国の労働市場には人手不足と大卒者の就職難が並存する点に特徴がある。

2　一人っ子政策と教育

「一人っ子政策」とは1979年から中国が実施した産まれる子供を1人に抑える政策である。1970年代に人口の増加が食料の生産を上回ったために導入された。2人以上の子供をもった夫婦に対して罰則を科し、2人目の子供を妊娠した女性に対しては堕胎を求めた。1980年代後半からは農村では産児制限が緩和され、1人目が女児だった場合は2人目の出産が認められた。一人っ子政策が特に農村部で抵抗が大きいのは人民公社が廃止され、各戸請負制になると、子供が多いほど農家にとっては労働力になるからである。また、農村では家の跡継ぎとして、社会保障制度が充実してない段階では老後の世話をしてくれる男の子を産みたいという事情もあり、一般には第1子が女児だと第2子が生まれても正式な届けをしないので無戸籍、いわゆる「黒孩子《ヘイハイズ》」と呼ばれるような問題さえ生じる。この子供たちは学校にも行くことができず、行政サービスも受けられない。ところが、1990年代になると、豊かになった都市部では子供を産まない夫婦も増え、今度は少子化と高齢化という問題に直面している。

一人っ子たちは親や祖父母たちの期待に応えて必死で勉強せざるを得ない。一人の子どもを立派に育てようと自然と大人たちの力が入る。子どもが生まれた時から教育が始まるといわれるほど早期教育に熱心である。北京随一の繁華街・王府井には小中高の一貫教育で有名な景山学校がある。午後3時を過ぎると正門前は高級車で渋滞する。優秀な教師と独自の教材が評価されているらしい。卒業生のほとんどが北京大学などの有名校に進学する。また、遼寧省瀋陽市には東北育才学校というエリート校がある。その日本語クラスは毎年日本の東京大学や京都大学に多数の合格者を出している。２００６年の卒業生24人中７人が東京大学に、６人が京都大学に合格した。

多くの子供たちが学校から帰っても英語やピアノなどさまざまな塾や習いごとに行く。裕福な家庭では家庭教師をつけることも多いという。「小学校でも、優秀児の集まる学校では、学校の進度を超える勉強が当たりまえ。英語などは、小学４年生で中学３年生の内容をマスターする者もいる。夏休み中も、多くの児童が塾で勉強している」(5)。エリート教育は幼少期から行われており、小学校から中学、高校、大学の入学試験に備える。そのため、自ずと競争が激しくなるのは言うまでもない。

中国では農村戸籍と都市戸籍があるので内陸部の農村の子どもたちは都市部の大学に入り、都市戸籍を取得しようと一生懸命に勉強する。農村部の子供たちにとって一生懸命勉強することは「自分や家族の身分を変えるためのチャンスといえば『大学受験』なんです。大学に合格すれば、公務員として堂々と世に出ることもできますし、都市の戸籍にもなります」(6)。大学に合格すれば都市部の大学に入ることができ、自分の人生を大きく有利な方向にもっていくことができるのである。日本の大学生のように遊び半分で大学に通っているのとはわけが違う。

毎年６月になると、大学入試統一試験「高考」の話題でもちきりになる。高考は受験生の家族だけでなく、中国社会にとっても一大行事である。歴史的にも有名な「科挙」という官吏登用試験に代表されるように中国では昔から学問が重視されてきた。最近では北京の北京大や清華大、上海の復旦大学や上海交通大学などの名門大学への進学を目指して受験戦争が激化している。しかし、１９９９年から大学への進学率を引き上げたので、２００４年には大学への進学率は19％に達した。その結果、最近は大学生が大幅に増えたので卒業しても就職できないという問題がある。そこで、大学に入ってもなお勉強に力を入れなくてはならない。「小皇帝」のように大事に育てられた子どもたちは、「一人っ子」だから余計親たちの期待も大きい。中国でもさまざまな祝日があるが、「教師の日」があるのは教師を敬う伝統があるからであろう。国を支えるのは優秀な人材である。

一人っ子政策は当時としてはやむを得ない政策であったが、一人っ子同士の結婚は難しく、たとえ結婚できたとしても2人で4人の親たちの面倒を見なくてはならないという宿命が待ち構えている。それどころか、急速に進む少子高齢化に伴い、大きな社会問題のひとつとして男女比の不均衡がある。中国では伝統的に男尊女卑の考えが強く、女児よりも男児を望む傾向が強い。一人っ子政策で男児を欲しがる両親が増え、男女構成比率も不自然になった。２００８年の中国政府の統計によれば、女児一人に対する男児の数は1・26人であり、結婚適齢期に達したとき男性が結婚できないという問題が表面化している。男女比が不均衡なため２０２０年には結婚適齢期を迎える男性が女性より約２４００万人も多くなり、結婚相手を探すのがきわめて困難になるという(7)。その一方で、現在の中国では「一人っ子」世代の離婚問題も深刻になっている。高齢化による労働力不足、社会保障の負担増に備えるため一人っ子政策は転換する段階に入ったようである。広東省の平均出生率は1・7人と低いレベルのため両親のどちらかが一人っ子の場合に限り2人まで子供を産めるようになった。

しかし、今もなお中国では「一人っ子政策」が続いている。競争が激しいから親たちは子どもの教育には惜しみなくお金をかける。そうして、どこの家庭でも大切に育ててきた子供をランクの高い大学に入れるのが最大の目標のようである。北京にある北京大学、清華大学、中国人民大学などは日本でもよく知られており、有名である。筆者が勤務していた外交学院（外交部直属の唯一の大学）は日本ではあまり知られていないが、これらの大学と並ぶぐらい優秀な学生の集まっている大学である。学生たちに聞くと、大方の学生が「オレたちは北京大学と同じくらい優秀だ」という自負心をもっている。授業してみると学生諸君は実によくできる。また、驚くほど実によく勉強する。あらゆる科目をほとんど丸暗記し試験も丸暗記で乗り切る。丸暗記は得意であるが、創造性はどうであるかは疑問である。ただ、この大学は中国でも最も小さいのではないかと言われるくらい小さいので日本ではあまり知られていない。最近、中国では学生が急激に増加したのと企業が求人をおさえているので就職はなかなか厳しいと言われるが、外交学院の学生の就職状況が良いのは前述のような北京の、あるいは中国の名門校だからであろうか。

学生の多くが日本にまず抱く印象はアニメやマンガであり、日本にあこがれていることは事実である。しかし、成績の優秀な学生は待遇面の良い欧米の企業に就職しても日系企業を選ぶことはまれである。日本企業の人事、待遇面などは改善すべき課題も多いようである。グローバル化の進む現代は優秀な人材の確保が欠かせない。とにかく中国の学生は日本のことを知らないのだから、まず日本や日本企業を知るチャンスを作るべきである。日本人と接することによって彼らは変わる可能性もある。日本に留学したことのある学生が「日本人は仕事に熱心で、意欲的である。一緒に働いてみたい」と話したことがある。草の根の交流が何よりも重要である。

高等教育の大衆化によって急激に大学数や学生数が増えたにもかかわらず、企業側の受け入れは増えていない。そのため、大学入試で競争を勝ち抜いた高学歴者であっても就職難に直面することもまれではない。就職難は社会不安の要因にもなりかねない。中国では実力によって就職先が違い、給料がかなり違うから学生は一生懸命にならざるを得ない。躍進する電気、情報系のベンチャー企業などの給料は非常に高く、一般の企業とは2倍以上の格差があるともいわれる。そのためには一流大学を出ているだけではダメで、厳しい競争に勝ち抜かなければならないから学生たちは必死で勉強する。学生が希望する就職先としては公務員か大型の国有企業であるといわれている。安定した職場であることと都市戸籍を取得できることらしい。２０１２年の国家公務員の試験では「中央省庁と地方の出先機関の１８０００のポストを巡り、約１３０万人が受験する。最も人気のある46の職種は倍率が１０００倍超」(8)であるという。

教育費が高騰した結果、都市部では出生率が低下するという先進国と同じような現象もみられるようになった。「一人っ子政策」を維持することによってこのようなさまざまな問題が出てきたので政府当局が「一人っ子政策」を廃止するのではないかという憶測が広がっていたが、２０１１年11月、中国全土で一人っ子同士の夫婦の第２子出産が認められた。中国では極端な人口抑制策によって少子高齢化や労働力人口の減少が急速に進んでおり、今後の経済成長の足かせになるとの危機感も強い。

3　大学入試

中国の大学入試は全国普通高等学校招生入学考試（略称は高考）と呼ばれ、全国一斉に毎年6月7～9日に行われる。日本のセンター試験に当たる。高考では出身地で合格ラインが異なるし、少数民族に対する優遇措置もある。試験科目は国語、数学、英語、総合である。「総合」の満点は300点であるが、それ以外の科目の満点は150点満点である。大学入試の総得点は750点である。総合は省の試験制度によって異なっており、文総合と理総合、大総合の3種類がある。大総合は地理、政治、歴史、化学、物理、生物を一緒にした試験である。文総合は地理、政治、歴史で、理総合は化学、物理、生物である。

中国には中央政府所属の大学は100ほどで重点大学がほとんどである。大学にも市場原理が導入され、国公立大学の収入に占める政府補助金は1997年の8割から現在は5割以下になった(9)。大学は一本（重点の本科大学）、二本（普通の本科）、三本（専科学校）の3種類に分けられている。入学試験の最低合格点は一本では少なくとも約580点、二本では530点、三本では400点が必要である。上位5位の大学でも北京大学や清華大学に入るには650点が必要であると言われている。受験生本人はもちろん親たちも子供の大学入試にかける期待は大きいので考試は激化する一方である。例えば、河南省の受験生は中国の中でも最も多く、100万人もおり、清華大学に合格するのはわずか30人程度であると言われており、厳しい難関を突破しなくてはならない。

民族間の融和を促進するため、少数民族に対しては入学試験で点数を加算する優遇策をとっているが、貧困地域の漢族学生に対してはそのような措置はない。入学機会の都市と農村の格差について前述したが、このほかに職業による階層格差も存在することを楊東平が指摘している(10)とおりである。大都市に居住する受験生や共産党幹部の子弟は優遇されるというので国民の間に不公平感がある。「北京市や上海市で7～8割に上る合格率が、西部貧困省の貴州省や甘粛省では4割、中部の安徽省、河南省でも5割というのは、どう考えても不自然である。北京大学や清華大学といった一流大学では、農村出身新入生の比率が2割前後という状況が続いている」[11]（表8-1）という指摘もある。

国家の重点大学では経済的にも文化的にも比較的高いレベルの子女が大きな比率を占めており、弱い立場や農村出身の子女は減少しつつある。清華大学、北京大学、北京師範大学などの国家重点大学では表8-1のように1990年代以降農村出身の学生の割合は下降傾向にあり、清華大学、北京大学の新入生に占める農村出身者は1998年代後半に比べ2000年には3%前後、北京師範大学では8%下降している。

中国では1990年代までは大学はエリートだけが入ることができ、大学生であることはひとつのステータスであった。ところが、1999年から募集枠を拡大したため大学生が急増し、質の低下、就職難といった問題が出ている。それでも、親たちは大事な一人っ子を少しでもステータスの高い大学に入れたいという願望は強く、加熱する一方である。親が会場まで付き添い、試験が終

表8-1　1990年代以降の清華大学・北京大学・北京師範大学の新入生における農村出身学生の割合

年	清華大学		北京大学		北京師範大学	
	募集数（人）	農村出身学生の割合（%）	募集数（人）	農村出身学生の割合（%）	募集数（人）	農村出身学生の割合（%）
1990	1,994	21.7			1,260	28.0
1991	2,031	19.0		18.8	1,358	40.0
1992	2,080	18.3	1,810	22.3	1,358	33.0
1993	2,210	15.9	910	18.5	1,403	36.0
1994	2,203	18.5		20.1	1,330	35.0
1995	2,241	20.1	2,089	20.9	1,470	
1996	2,298	18.8	2,164	19.6	1,495	29.0
1997	2,320	19.5	2,211	19.0	1,504	
1998	2,462	20.7	2,240	18.5	1,472	30.9
1999	2,663	19.0	2,425	16.3	1,686	28.7
2000	2,929	17.6			2,001	
2002					2,105	22.3

出所：張玉林・劉宝軍「中国的職業階層与高等教育」『北京師範大学学報（社会科学版）』2005年第3期、北京師範大学および2000年清華大学のデータは衛宏論文『我国城郷高等教育機会均等的実証研究』北京師範大学教育学院、2003年。
資料：楊東平「中国における高等教育の不公平とその是正」『中国21』Vol.30より引用。

わるまで外でひたすら待ち続けるといった光景も見られる。クルマで送り迎えする親も多く、試験当日の試験場周辺は交通渋滞が激しくなるため、大学側は早めの入場を呼びかける。替え玉受験や携帯電話を使ったカンニングなどの不正受験も後を断たず、大学側は毎年チェックを厳しくしている。文字通り、「上有政策、下有対策」といった状況であり、大学側も対策に頭を悩ませている。

受験生は２００１年には約４００万人であったが、２００７年には約１０１０万人となった。進学率は２００６年には25％であったが、２０２０年には40％になると予測されている。２００９年の大学入試志願者数は約１０２０万人であったが、募集者数は６２９万人であったから全体の倍率は１・６倍であった。

4　外交学院の1年

外交学院は中国外交部直属の大学で、外交官を養成する目的で１９５５年に設立された大学である。学生数は１４００人ほどの小さな大学で日本ではあまり知られていないが、レベルは非常に高く、北京大学と並ぶと言われるほど優秀な学生が集まっている。筆者は２０１０年9月から1年間授業したが、実際、授業してみると、よくできるし、実によく勉強する。現在、外交学系、英語学系、外国語学系、国際法学系、国際経済学系、国際法研究所、国際関係研究所、および大学院などがある。

外交学院の正門では周恩来（元国務院総理）が書かれた「外交学院」という大きな文字が目に付く。正門をくぐるとそこには初代院長、陳毅（元国務院副総理、外交部長）の胸像が立っている。そして校舎に入ると、ロビーの奥には壁に銭其琛（元国務院副総理、外交部長）が書かれた「努力為社会主義祖国」という文字が目に付く。学生数が少ないだけでなく、キャンパスも狭いが、大学のもつ重みはあまりにも大きい。すでに外交官を２００名余り送り出しており、「小さな大学の大きな挑戦」とも言うべき大学である。

前述したように筆者は２０１０年９月から１年間この大学に勤務したが、本を読んだだけではわからないさまざまな経験をした。北京の冬は寒く、夏は暑くて言葉では言い表せないほど厳しい。それだけに秋の天気は観光シーズンに相応しい良い天気が続く。特に、10月10日の「中秋の名月」は日本ではとても味わうことのできないほど美しいものであった。春になると街路樹が次第に青々としてくる。その下を散歩するのはなんとも表現できないくらいすがすがしさを感じる。しかし、２０１１年６月23日には１００年に１度と言われるほどの集中豪雨があり、道路は川のようになったのは驚きであった。あふれた水が地下街に流れ込んだところもあった。

筆者が所属した外国語学系の日本語学科は１学年の学生数は20人前後で、先に述べたように学生は優秀で勉強に熱心だからやりがいがあった。授業時間外にも学生は筆者の宿舎である国際交流センターに押しかけてきた。時には大学の外に出て一緒に食事をしたり、飲んだりした。筆者は40年余り大学で教師をやってきたが、こんなに学生と親密な関係をもつことができたのは初めてである。

筆者は最初の授業の時、学生諸君に相田みつをの「そのときの出逢いが」という次のような文章をコピーして渡すことにした。

「出会い　そして感動　人間を動かし、人間を変えてゆくものは　難しい理論や理屈
じゃないんだなあ　感動が　人間を動かし　出逢いが人間を　変えてゆくんだなあ
…」

写真 8-1　外交学院の正門

４年生の陶歴順は上海のとなり蘇州の出身である。彼と出会ったのは彼が２００９年9月に中部大学に交換留学生として来た時である。彼は国際関係学部の高英求、原田太津男両教授の指導を受けていた。ある時、高教授と話すと、陶君がとても優秀であるということであった。中部大学で初めて対等に議論できるゼミをやっているということであった。原田教授はなかなかえらい教授なのであまり話したことはないが、彼の指導教授（大阪市立大学）からよく聞いていたので大体のことはわかっていた。

筆者が２０１０年8月31日、北京空港についたとき迎えに来てくれたのは大学院2年生の王、姜両君であった。国際交流センターに着くと早速パソコンをセットしてくれた。ところが、日本から持って行ったパソコンの調子が悪く、困っていた。９月中頃から授業が始まり、４年生に中部大学で出会った陶君がいたのでパソコンのこと話すと、彼は早速中関村に筆者を連れ行ってくれた。それ以来、パソコンの調子が悪いといつでも彼に頼んだ。携帯電話の購入もある日の夕方、雨の降る中を一緒に行ってくれた。とにかくよく面倒を見てもらった。このことを他の学生に話すと、学生たちもパソコンで困ったときはたいてい陶君に頼むということであった。パソコンの店でアルバイトができるのではないか。もちろん、彼は勉強も良くでき、筆者の授業はオール出席で、いつも90点前後の成績であった。ただ、字が読みにくいので試験の採点には困った。

卒業式では北京市の成績優秀卒業生として表彰された。当然のことかもしれないが、ほんとうに喜ばしいことであった。彼は卒業後、外交学院の大学院（外交学専攻）に進んだ。本来ならば、日本語の専攻であるから専門分野のまったく違う外交学専攻に進むのは難しいことであるが、入試に合格したのは彼の実力であろう。卒業式の前日、彼は2人の学生を呼んで筆者の荷物を郵便局まで運んでくれた。彼には始めから終わりまでよく面倒をみてもらった。

彼に日曜日などに電話すると、「いま姉さんのところにいます」という返事が帰ってくることがあった。一人っ子のはずなのにおかしいなと思って聞くと、実は従姉妹であった。中国では一人っ子なのでお互いに助けあうということであった。筆者が初めて経験したことである。

２０１１年7月5日、卒業式の晩彼と夕食をともにし、ビールで卒業のお祝いをした。この次は東京の日本大使館で再会することを約束して別れた。

つぎに趙さん（当時2年生）との関わりについて書きたい。外交学院に着任して間もないころ、日本語学科の許先生から紹介され、「面倒をみてほしい」と頼まれたのが彼女との交流の始まりである。彼女は成績が優秀で、筆者は日本語の会話の授業を担当したが、日本語がとても上手なので驚いた。北京市の日本語のスピーチ大会でも次のように毎回優勝している。

２００９年　北京市「水木清華杯」日本語朗読大会優勝
２００９年　外交学院「霜月の声」日本語スピーチ大会優勝
２０１０年　第三回全国高等院校言語語彙大会二等賞
２０１０年　第八回北京大学生英語アフレコ大会優勝
２０１０年　外交学院日本語知識大会優勝
２０１１年　北京市第八回「声色魅影」アフレコ大会優勝
２０１１年　北京市「家有心声」外国語アフレコ大会優勝

彼女は中部大学に留学する予定であったが、東日本大震災でご両親が心配され、残念ながら取りやめざるを得なくなった。次の文章は筆者が彼女に送ったメールである。

趙さん

昨年の8月31日に来学してからあっという間に1年が過ぎました。振り返って見ると、来学してまもない頃、許先生から紹介されたのが趙さんとの交流の始まりです。それから、北京理工大学のスピーチ大会、その晩の北京外国語大学のアフレコの大会がありました。ホールは大変寒かったのですが、私は最後まで成績の発表を待ちました。外交学院のチームはダメなのかと諦めながらも望みを持って最後まで聞いていましたら、優勝ではありませんか。趙さんがずいぶん喜んだあの顔は今でも忘れておりません。同じことは、２０１１年5月11日、外交学院でありました大会でも趙さんのチームが優勝しました。あの笑顔は今でも覚えております。趙さんの「表現の豊かさ」（内容、声、顔の表情、態度など）が優勝につながっていると思います。

私たちはうれしい時には笑い、悲しい時には涙を流しながら泣くことが大切です。しかし、それだけではあらゆる他の動物と同じです。人間である以上それを何かに表現しなくてはなりません。趙さんの「七色の声」は最もそれをよく表していま す。1年間、私は3、4年生にも授業中「『覚えること』も大事だが、『書くこと』が重要で、内容がよく、豊かな表現力が表されているような文章を書きなさい」と言ってきました。私も、本を書くときいつも「豊かな表現」を心がけていますが、なかなか上手に書けません。私は活字を通して「表現の豊かさ」を追求しているのですが、音楽家が歌を通して、また画家が絵を通して表現の豊かさを追求するのと同じです。

趙さんは中部大学に留学できなかったのですが、これからもチャンスをつくって日本に来てください。日本に学ぶところがあれば、学んでください。それを中国に役立ててください。私は1年間中国でいろいろなことを学びました。帰国しましたら、これから『経済大国・中国はいま…』という本を書きたいと思っています。書けるかどうか、ちょっと心配ですが…。

ある先生から、「もう1年外交学院にいてください」とも言われましたが、中部大学と外交学院の契約がありますので帰国せざるを得ません。日本語学科の先生方と話していると、「中藤先生は学生のことをよく知っていますね」と言われましたが、多分私が1年生から4年生まで一番よく知っているのかも知れません。もう1年外交学院にいて今の1年生、2年生に授業したい気持ちもありましたが…。趙さんには、翻訳、日本文化に関する著書の誤字・脱字のチェックなどたくさん手伝ってもらいました。

趙さん、趙さんは「外交学院の誉れ」です。大きな夢をもって日々挑戦することです。元気で頑張ってください。

２０１１年8月17～23日、中国の北京・上海両市で開催された「中韓日子ども童話交流２０１１」（中国関心一代工作委員会主催）が中国の北京・上海両市で開催された。この交流事業は絵本・童話を通じて相互の理解と友情を深めるもので、２００２年に始まり、９回目となる２０１１年には中国で開催された。趙展さんはボランティアとして参加し、中国、韓国、日本３カ国の子供たち（99人）の交流に大きな役割を発揮した。彼女はその感想を次のように報告した。

「中韓日子ども童話交流事業」は、子どもたちの読書活動や体験活動が重要であることを普及・啓発するため、２００２年の「日中韓国民交流年」に初めて実施されました。日中韓子ども童話交流事業は、これまで8年間日本で行われ、「絵本・童話」を通じて日中韓の子どもたちが交流し、お互いの文化や特徴、共通点を理解することで、友情を育んできました。日本では健全な子どもたちを育成するために設置された「子どもゆめ基金」の活動の一環として、子どもの未来を考える議員連盟、独立行政法人国立青少年教育振興機構により「日中韓子ども童話交流実行委員会」が組織され、開催しています。日本・中国・韓国の子どもたちが一堂に会し、各国の絵本・童話を通じて読書の楽しみを知ってもらうとともに、さまざまな活動を通じて相互の文化の共通性や特徴を理解する機会を提供します。

今年、２０１１年から、この活動は日中韓３カ国で巡回で開催することになりました。8月17日（水）から23日（火）の7日間、中国の北京と上海にて「中韓日子ども童話交流２０１１」が開催されました。今回のテーマは「大空」。北京では、国連のユネスコ世界文化遺産に登録されている万里の長城や頤和園を見学しました。4日目には上海へ移動し、東方明珠テレビ塔や豫園などを見学しました。これらの経験をもとに、今年も3カ国の子どもたちが力を合わせて取り組んだ10編の童話が生まれています。

私は面接を受けて、同時通訳の役をすることになりました。開幕式と閉幕式で日本の前官房長官河村建夫様と周鉄農副委員長のスピーチ、各国の先生のシンポジウム、子どもの隠し芸大会、童話（各国の子どもの交流、討論、本の作り方の説明など）の同時通訳をしました。また、中国の子どもに日本語のトレーニングをしました。

この活動に参加したことで、三国の子どもたちと深い友情を築きました。童話交流の時三国の子どもを観察したことによって、私の感想は以下のようになります。まず、お互いの言語は通じませんけど、子供たちは表情、動作を通じてうまく交流することができます。でも、子どもたちは一緒に英語で話すとき、日本、韓国の子どもに比べると、中国の子どもの英語のレベルはかなりいいということが分かりました。その点については、ボランティアたちも同じ意見を持っています。また、もう一つの中国人の子どもの特徴というと、楽器が演奏できる子どもはたくさんいます。既に高い級別を得たと自称した中国人の子どもは少なくいません。隠し芸大会で中国人の子どものうまい演奏が他の国の子どもたちに注目されました。次に、礼儀正しさにかけては、日本人の子どもは最も優秀だということははっきりしています。先生に会うと、ちゃんと挨拶をすることは人びとに褒められています。その点では、中国の子どもは改善が待たれます。最後には、三国の子どもたちに共同の欠点があります。それは労働することはあまり好きではないということです。主催方は何枚のシャツを子どもたちに渡しましたが、毎日自分でちゃんとシャツを洗う子はほとんどいません。「信じられないなら、スーツケースを開けてみてください。汚い服を持って帰って、親に洗わせる子ばかりだ。」今回の総担当者はそういいました。（原文のまま）

5　人材の育成と日本

戦後の日本を経済大国に押し上げた原動力は労働者としての質の高さである。企業は「金の卵」といわれた中学卒や工業高校卒の若者を大量に採用し、社内で教育した。日本企業の競争力を世界最高の水準にまで引き上げるために若い人材を育てるシステムは大いに役立った。日本と中国は経済的相互依存関係が年々強まっているが、日本企業が中国に進出するに当たって現地で役立つ人材の確保はきわめて重要である。国際競争の激しい現代では創造性豊かな人材の育成が欠かせない。最近、世界市場で日本企業の存在感が低下しているといわれる。その一因はビジネスが国際化したにもかかわらず、組織は相変わらず「日本人の会社」であることである。外国に留学する学生が減少し、海外勤務も避ける傾向が強いといわれる。グローバルに活躍できる人材を養成しないと国際競争力は維持できない。日本はこれまで内需を頼りに成長してきた生活関連企業も巨大な中国市場で競争するためにはグローバルな人材をどう育てるかが重要である。

海外展開を積極的に進めている小売業も外国人の大量採用による人材のグローバル化を急いでいる。イオンはアジアでの売上高と営業利益の比率を現在の数％から2020年までに50％に拡大する計画をもっており、人材面で改革を本格的に進めることにしている。本社社員の外国人の比率も同期間に現在の3～50％までに引き上げる計画である。現地法人との人事交流も進め、アジア展開を進めるための戦力化を急いでいる。高島屋は2012年4月入社から新卒の外国人を積極的に採用する。約70人採用する予定であるが、ほぼ1割を外国人に当てる。国籍を問わず語学力などに優れた人材を確保し、小売業のグローバル競争に対応する計画である。

住友電気工業は世界共通の人事制度を導入し、国籍や民族、宗教などを問わず昇格できるようにする計画である。資生堂は日本と海外の現地法人の課長以上の幹部社員の人事評価の基準を統一している。日立製作所もマネジャー以上の管理職は職務権限や範囲に応じて世界共通の格付けを導入する。共通の人事制度を導入することによって国を越えた転勤が増える見通しである。

丸紅は中国の復旦大学と人材育成で協力する。同社は有能な人材を確保するため同大からインターン（就業体験）生を受け入れることにした。通信教育大手のベネッセホールディングズは中国で通信講座の販売促進を手がける事務所を成都市（四川省）に開設する予定である。日本国内の通信教育市場は少子化で頭打ちの傾向であるが、若年人口の増加を背景に教育熱が高まるアジア市場の開拓を進める予定である。中国ではすでに北京や上海などの沿海部に事務所を構えているが、今後は経済発展の著しい内陸部を開拓し、幼児向けの教材「こどもちゃれんじ」の中国語版の販路を拡大する計画である。

注

（1）班偉「現代中国の教育事情」山陽学園大学・山陽学園短期大学社会サービスセンター編『日本の教育　岡山の女子教育』吉備人出

版、２００６年、70頁

(2) 加藤弘之『地域の発展』名古屋大学出版会、２００３年、１６９頁

(3) 大泉啓一郎『消費するアジア』中公新書、２０１１年、１０９頁

(4) 山口正章・郭顕『チャイナマネーの時代』東洋経済新報社、２００７年、１４５頁

(5) 日本経済新聞、２０１１年10月24日

(6) 班偉「現代中国の教育事情」山陽学園大学・山陽学園短期大学社会サービスセンター編『日本の教育　岡山の女子教育』吉備人出版、２００６年、55頁

(7) 読売新聞、２０１０年7月16日

(8) 日本経済新聞、２０１１年11月27日

(9) 朝日新聞、２００９年5月18日

(10) 楊東平「中国における高等教育の不平等とその是正」『中国21』２００９年1月、１３８～１４１頁

(11) 阿古智子『貧者を喰らう国―中国格差社会からの警告』新潮社、２００９年、１５１頁

第9章 資源・エネルギーと環境問題

1 資源・エネルギー問題

中国経済は1970年代末から今日にかけておよそ30年間、年成長率約10%の高度成長を遂げてきた。その高度成長は資源・エネルギー多消費型の重化学工業に依存したものである。中国のGDPをみると、第2次産業の工業の割合は2009年には53%を占めており、鉄鋼、石油化学、機械、セメントなどの重化学工業が中心である。重化学工業が工業に占める割合は1998年の57.1%から2009年には70%に上昇した。

経済の改革・開放政策によって鉄、銅、レアアースなど金属鉱物資源に対する需要が急増した。道路、港湾、鉄道などのインフラの建設や耐久消費財に欠かせない鉄鋼製品や電線などに使われるアルミ、銅などのほかリチウムイオン電池など特殊用途に使われるレアメタルまで多くの金属鉱物資源の需要が増大し、価格も高騰した。そのため、省エネ技術の開発や再生可能エネルギーの利用によって消費を抑制しなくてはならないが、石油や天然ガスなどと違って金属鉱物資源は代わりになるものの選択肢の幅が狭く、その確保は企業は言うまでもなく国家にとっても重要な課題である。さらに、金属鉱物資源ではメジャーの寡占が進むと、価格の高騰は避けられない。中国がアフリカをはじめとする国々に資源・エネルギーを求めて外交を展開するのも当然のことであろう。

今日、急速な経済発展によってアメリカに次ぐ世界第2位のエネルギー消費大国となった中国にとって今後も成長を続けるためにはエネルギー資源の確保が欠かせない。中国の輸入急増が原油市場を売り手市場にし、本来は市場メカニズムで価格が決まるはずの市場が政治問題化しているからである。そのため、中国は供給源の多様化を求めて中東のほか、中央アジアやアフリカなどで積極的に資源外交を展開せざるを得ない。世界的に原油や天然ガスなどの価格は上昇し、各国が戦略的に資源の権益確保に向けて動いているし、さらに資源保有国は自国の資源を囲い込む、いわゆる「資源ナショナリズム」の動きも高まってきたので中国は一段と資源外交を強めている。最近、中国がアフリカを重視するのは中東などの主要な油田の権益がすでに国際石油資本（メジャー）に握られているか、厳密な国家管理の下にあるからである。

アフリカ連合（ＡＵ）首脳会議が２０１２年1月29日、エチオピアのアディスアベバに建設されたＡＵ新本部で開催された。この施設は中国政府が総工費約2億ドル（約１５３億円）を出資して完成したもので、高さ１００メートルの20階建てビルと２５００人収容可能な会議場を併設したものである。この会議に出席した中国の代表は「アフリカ諸国は中国経済発展のための有力な支持を提供している」(1)と述べるとともに、今後3年間で6億元（約73億円）の無償援助を表明した。それに対し、エチオピアのメレス首相は「中国とアフリカの関係は過去数十年間でますます強まった。われわれの連携は今後、いっそうの繁栄をもたらす」と挨拶した。中国が資源の確保に加え、発展途上国の代表としての立場を誇示し、国際社会における発言力を高める狙いがあるものとみられている。

また、アフリカの資源確保に動いていた中国がインド洋に面したアフリカ東部へ進出する動きがある。アフリカ東部は資源が乏しいので中部のアンゴラ、西部のナイジェリア、北部のスーダン、アルジェリアなどから輸入していたが、スーダンの分裂で原油の生産が停止し、ケニア経由の代替搬出ルートが必要になったことに加えてインド洋に直結するアフリカ東部の港を使うことによってアデン湾を回避して輸送できるからである。ケニアのラム、モザンビークのベイラ、タンザニアのダルエスサラームなどの港を整備している。中国は尖閣諸島をめぐって日本と、南沙諸島をめぐってはフイリッピン、マレーシアなどと紛争が生じている。

２０００年には中国のエネルギー消費量はアメリカの半分程度であったが、２０１１年にはアメリカを抜いて世界一のエネルギー消費国になった。その背景としては、中国の高度経済成長が重化学工業に依存したものであり、その構造がエネルギー消費量の莫大な増加をもたらしたためである。今後、経済成長に伴いエネルギーの消費量はさらに増加するものと予想される。中国ではエネルギー供給源のほとんどを石炭に依存しており、低水準の設備・技術・管理システムに加え、エネルギー利用の非効率が問題である。１次エネルギーのうち約7割は石炭が占めている。もともと中国は世界一の石炭産出国であったが、生産が消費に追いつかず、２００９年には石炭輸入国となった。石油も同じく１９９３年には純輸入国に転落し、現在は石油の消費量の半分は輸入に頼らざるを得ない状況である。エネルギー需要の膨張に対して石炭や石油を世界中からかき集めても追いつかない状況である。

２００３年8～9月には上海市や江蘇、浙江省など長江デルタ地域を中心に停電や電力の供給不足が深刻化し、操業停止になった企業が相次いだ。中国の２００３年１～６月の電力消費量は前年比15・４％増の８６１６kWhに達した。同期の国内総生産（ＧＤＰ）の伸び率は８・２％のため電力消費量は経済成長の2倍近い勢いで伸びていることになる。２０１１年9月にも沿海部の工業地帯で電力不足が深刻であった。日本から進出した企業も供給停止の通告を突然受け、操業日の振り替えなどの対応に追われた。火力発電所の石炭価格の上昇、電力需要が急増した原因はアルミニウム精錬など電気を大量に消費する産業が急速に成長したことなどが原因である。また、国民の生活水準が向上し、エアコンが普及したことも電力消費量の増加につながった。都市部のエアコン普及率は50％を超えており、２０００年に比べ12％の増加である。政府はこうした需要の急速な拡大を予想できず、第10次5カ年計画（２００１～２００５年）では発電所建設計画のベースとなる電力需要予測を電力消費の伸びをＧＤＰの伸びよりも低く見積もっていた。

２０１１年の発電量に占める電源別の比率は石炭を原料とする火力が82・5％、水力が14・0％、原子力が１・9％、風力が1・6％であり、依然として火力発電が80％を超える。石炭価格が高値で推移する一方、政府が物価安定のために電力料金を抑制しているので発電会社の収益は悪化している。そのため、日本経済新聞（2012年2月8日）によれば、政府は2012年の設備投資を11年に対して6％減に抑制する方針を発表したという。電力不足が深刻になると、今後製造業の成長を阻害することになりかねない。すでに鉄道や住宅の投資にブレーキがかかっており、電力会社が設備投資の削減に動くと景気全体への影響は避けられない状況である。欧州の債務危機もあり、輸出が押さえられると、経済を牽引してきた設備投資が上向くとは考えられない。

成田龍介が「資源・エネルギー問題が中国最大のリスクとなる」(2)というように中国にとって最大の問題のひとつが資源・エネルギー問題である。いま、中国は積極的に資源外交を展開している。中央アジアとの上海協力機構も「資源外交」の色彩が強く、エネルギーの安定供給のため海外資源の確保が急務となっているという事情がある。温家宝首相は2012年1月14日、サウジアラビアを訪問し、ナエフ皇太子と会談し、資源・エネルギー分野で協力を拡大することで一致したという。中国にとってサウジアラビアは最大の原油調達国であり、同国と関係を強化し、原油供給量を確保することが狙いである。温家宝首相はサウジアラビアの鉄道や港湾などインフラの整備に取り組むと約束した。中国は近くアメリカを抜いてサウジアラビア産原油の最大の買い手になる見通しである。このほか、中国で石油大手の中国石油化工集団（シノペックグループ）とサウジ国営石油会社サウジアラムコがサウジアラビア西部で合弁の石油精製工場を建設することを確認した。

未開発の地下資源が豊かに眠る南スーダンでは、世界各国による石油資源の争奪戦が展開されている。なかでも、中国は経済成長と人口増加で増大する石油の需要をまかなうため、資源外交では他国を圧倒する勢いである。中国系の企業進出は現地の人びとの雇用をもたらし、存在感を強めている。中国は南スーダンにとっては最大の貿易相手国である。ただ、最近は南北スーダンの対立のあおりを受け、中国も対応に苦慮しているといわれる。

中国では1980年代半ばに原発建設に着手した。2012年現在、稼働中の原子力発電所は14基（計1200万kW）が商業運転中であり、27基（約3000万kW）が建設中である。2020年までにさらに100基以上も建設する計画があるという。政府が2007年に策定した原発整備計画では2020年までに発電量4000万kWを目指すとしていたが、2009年春には7000万kWに目標を上方修正した。近年の急速な経済発展に伴うエネルギー需要の急増と二酸化炭素排出量削減への国際社会からの圧力などが背景にあるものと思われる。脱・化石燃料の切り札として位置づけられてきた原子力が日本の福島第1原子力発電所の事故で当初の計画どおりに進められるかどうかは不透明である。この事故を受け、中国では新規の原発の審査を凍結し、建設中や稼働中の設備の審査も強化した。ただ、原発の推進自体は変えておらず、2020年までに発電能力を7000～8000万kWに増やす方針である。

2011年9月12日には、フランスでも放射性廃棄物処理施設で爆発事故が発生した。中国でも高速鉄道事故の発生で国家プロジェクトの威信が揺らいでおり、原子力発電でも絶対安全が求められている。しかし、経済成長でエネルギー需要は急膨張し、発電能力の70％を占める火力発電の比率を下げなくてはならない。中国では「脱・原発」どころか「脱・化石燃料」が緊急の課題である。いま、中国はあらゆる代替エネルギーの可能性を模索している。中国の資源・エネルギー政策が岐路に立たされているといってもよい。政府は先に述べたように積極的に資源外交を展開して安定的に資源・エネルギーを確保するほか、備蓄や省資源・エネ技術の開発に取り組んでいる。

現在、中国の人口は13億人を超え、増え続ける人口増加に加え、都市化が急速に進んでいる。今後の都市化とインフラ投資の増大、国民の所得増大に伴う消費構造の高度化、モータリゼーションの進展によって今後エネルギーの消費量が増大することは間違いない。中国は経済大国になったとはいえ、一人当たりGDPは日本の10分の1程度であり、自動車の普及率も同じように都市部では日本の10分の1程度である。経済成長率が鈍化したとはいえ、経済は順調に推移しており、国民は豊かさを求めて消費は増え続けるであろう。世界のエネルギー市場に与える影響は計り知れないほど大きい。こうした資源・エネルギー問題のコインの裏返しとして表裏一体の関係にあるのが後述する環境問題である。電力不足は経済成長の非常に大きな制約要因であるが、環境面の制約もあり、構造的な電力不足の体質から抜け出すのは容易なことではない。

ただ、中国は「産業のビタミン」とも呼ばれるレアメタル（希少金属）やレアアース（希土類）に恵まれている。いずれも家電や自動車などに広く使われており、不可欠な資源であるが、中国が世界のほぼ90％を産出する。中国政府は資源や環境保護を理由に輸出枠を設けているが、こうした資源のない国々にとっては安定的な確保が大きな課題となっている。このほか、最近話題になっているシェールガスと呼ばれる天然ガスの推定埋蔵量は世界最大で、21～45兆㎥も埋蔵するものとみられる。中国政府は今後シェールガスを独立した資源として認定し、経済成長に伴って急増するエネルギー需要をまかなうため本格的な開発に乗り出す計画である。ただ、従来のガス田開発とは異なる技術やノウハウが必要であるし、採掘には岩盤を破砕するために大量の水を使用し、採掘時の化学物質などによる地下水汚染や環境破壊などの問題を抱えている。

中国は資源・エネルギーだけでなく、世界最大の食料消費国でもある。穀物の消費量は２００７年には3億８６３９万トンと日本の11倍も消費する世界最大の「胃袋」である。その中国が現在抱えている問題は農業・農村・農民問題、いわゆる「三農問題」である。中国はもともと食料輸出国であったが、経済成長に伴い、農民の多くが農業から離れ、沿海部に出稼ぎに出るようになったので食糧輸入国に転じた。もとより、中国では戸籍は都市戸籍と農村戸籍に分けられているので完全に離農することはできないが、増え続ける生活費や教育費を確保するためには現金収入が欠かせないので出稼ぎ、いわゆる「農民工」が増えたのである。一方、都市住民も生活レベルが向上するにつれ、肉や魚、果物などの需要が増大して穀物の消費は減少した。また、穀物の生産をはじめ農業に化学肥料や農薬が使われるようになると、金属鉱物資源に対する需要が増大することになった。

2　深刻な環境問題

現在、中国が抱える最大の問題のひとつは環境問題であろう。中国国情研究センターの胡鞍鋼は「生態環境破壊の抑止こそ急務」(3)とさえ述べている。中国で環境問題が深刻になったのは改革・開放による経済成長が本格化した1980年代以降である。もちろん、それまでにもまったく環境問題がなかったわけではない。1950年代の石炭採掘や木材の伐採、1960年代の重工業の内陸部への移転に伴う環境破壊などが挙げられる。

しかし、環境問題が全国的に、しかも大規模で深刻な問題になったのは改革・開放政策以降の過度な森林伐採による砂漠化、外資導入による工業化とそれに伴う都市化によるところが大きい。砂漠は北京の西方150㎞のところまで迫ってきているといわれている。大気汚染の原因は石油化学や製鉄所などの脱硫や粉塵の処理などをしないまま大気中に放出しているからである。一般市民も生活排水を川に流している。水不足に加えて水質汚染も進んでいる。都市の周辺はゴミであふれている。政府の環境問題への取り組みが不十分であり、企業経営者はもちろんのこと市民もほとんどが無関心である。

いま、中国では急速な経済成長が都市化をもたらし、人口の集中と生活スタイルの変化と自動車の増加に伴う大気汚染、水質汚濁などの環境問題、さらには農村からの出稼ぎ者、いわゆる農民工の増加に伴う住宅問題などさまざまな都市問題を発生させている。長江デルタ地域を構成する上海市、江蘇省、浙江省の人口は1億3000万人を上回り、中国全土の11％を占める。これらの消費人口はますます増大している。特に、2010年には上海で万博が開催され、そのために会場はもちろん、道路、鉄道などの基盤整備、さらには大学の郊外への移転、都心部の住宅開発などで出稼ぎ労働者を多く必要としたので、地方の農村から流入する人が予想外に増加した。もちろん、それに伴って、環境もますます悪化しているといえよう。「環境汚染大国」とさえ言われる中国では都市部の環境悪化に加えて、農村部でも環境が悪化していること、水資源不足と水質汚濁が深刻になっていることの2点はすでに多くの人が指摘しているとおりである。

中国では「第10次五カ年計画（2001～2005年）」のなかで「環境汚染総合対策を強化し、都市・農村、特に大中都市環境の質を大幅に改善する。水汚染源対策に力を入れ、…大気汚染防止対策を強化し、…2005年までに『2制限区』の二酸化硫黄排出量を2000年より20％減らす」(4)としたが、「実際には、全国二酸化硫黄排出量は5年前より増加し、3分の2の都市人口は中度以上の大気汚染の環境の中で生活しており、全国58％の河川の水質は中度ないし、深刻な汚染状況にあり、半分以上の都市の地下水の汚染は深刻である」(5)。

中国の沿海部では外資の導入と郷鎮企業の増加、都市化による道路や住宅の建設、市民のライフスタイルの変化、出稼ぎ者の流入などさまざまな要因が重なって環境問題が深刻になっている。その典型を上海とその周辺地域に見ることができる。上海市内をほぼ東西に流れる黄浦江は「1990年代後半からの工業化とともにさらに汚染は進行している。上流の上海市青浦区や松江区の工業開発区が外資系工場を誘致し、その間隙を埋めるように国営、市営、そして民間の地元工場がひしめき合う。さらに農地では、農民が農作業のほか養鶏場、養豚場を経営している。網の目のように縦横に流れるクリークには工場排水はもちろん、工場労働者のための厨房から出る大量の汚水、周辺農民の生活排水、農薬、そして養鶏・養豚場から出る糞尿も流れ込んでいる」(6)という。さらに、「上海市の中心部は今でこそ、華やかな意匠の高層ビルやマンションが立ち並び、その間を美しい緑が埋めるようになった。しかし、10年ほど前までは国営工場が密集し、煤煙匂う工業地帯だった。高級マンションが分譲されている天山路には化学塩素が漏れるなどの事故が多発し、中毒事件を引き起こした工場があり、爆発はしょっちゅう、その悪臭に周辺市民は苦しめられていた」(7)という。

黄浦江に合流する蘇州河はかつて「上海のセーヌ河」と評された。その蘇州河は「1960年代後半から紡績工場や家庭からの廃水で水質が悪化、1980年代にはガスの泡が浮く黒い川と化し、『黒竜』と呼ばれた。河川浄

写真 9-1　上海・蘇州河沿いのマンション

化に対する住民の意識も低く、ゴミが好き勝手に投げ込まれて水面が見えないほどであった」(8)という。上海市当局は当時の上海市長（朱鎔基）を代表として1998年に3期にわたる「蘇州河環境総合対策」をスタートさせた。

第1期では汚染排水を断つために下水処理場の整備や長江、黄浦江上流から導水するなどが実施された。2001年には上海市は主流域では基本的に「黒竜」は解消され、魚が泳ぐようになったという。2003年からの第2期工事では、河口に水門を設置して水位を調節したほかヘドロの浚渫工事も行われた。河岸の糞尿、ゴミ運搬用の港も撤去され、緑地に生まれ変わった。「市内の下水処理場は1998年の22か所から2005年には42か所に増え、下水処理量はそれぞれ1億5605万トンから2億7833万トンへと上昇した。確かに、かつてのような鼻を突く異臭はほとんどなくなり、岸辺にはお年寄りが憩う場所もできた。『蘇州河が望める一室』は、マンション販売の宣伝文句にも登場するようになった」(9)。蘇州河沿岸に立地する高層マンションには「濱花園」（静安区）や「濱江苑」（黄浦区）などのように水の美しさや景観を標榜したマンションの名称がつけられたものも販売されている(10)。

しかし、それでもなお水質の改善が進まないのはヘドロの浚渫工事が進まないからである。ヘドロの平均的な厚さは0・5～2m、大きいところでは3mにも達するという。第3期は蘇州河再生プロジェクトが進められており、蘇州河の改善とともに支川の水辺再生・開発計画が2006年から進められている。

中国には湖沼がきわめて多く、天然の湖沼のうち面積が1km²以上のものは2800もあり、その総面積は8万km²以上である。太湖は中国五大湖のひとつで、琵琶湖の約3・6倍の広さである。古くからその美しい景観は観光客にも喜ばれてきたが、近年深刻な水質の悪化に悩んでいる。太湖につながる河川の流域は江蘇、浙江省など2省と上海市にまたがる3万6500㎢、人口は3900万人を超える。いまや、中国随一の経済圏であり、その急速な経済発展が太湖の水質汚染の最大の要因である。美しい江南の水郷都市蘇州は「2400余年の歴史を有する古都であるが、面積28㎢たらずの空間に水源を求めて500近くの工場が集積しており、環境汚染がはなはだしい。21の化学工場が街の周囲にあり、10の染物工場が水源の上流にあって、住宅地、工場地、観光地が混在し、煙突と宝塔がまざりあった混乱した配置で自然風景を破壊している」(11)。

太湖は多種多様な魚やカニの宝庫であり、周辺では養殖業も盛んである。また、上海、蘇州、無錫市など周辺の人口も急増し、家庭の排水、農地の化学肥料や農薬による汚濁、畜産農家の排水、工業用水の需要などによって水質の複合汚染が進み、その改善が急務となっている。読売新聞（2007年7月12日）は「富栄養化によるアオコが過去最大規模で発生し、被害が下流域にまで拡大している」と報じている。同年6月末には、温家宝首相が無錫市を訪れ、「中央政府を代表しておわびする」と市民に異例の謝罪をする事態になったという。

写真9-2　太湖（蘇州）のアオコ

中国の農村地域における大気汚染や水質汚濁は郷鎮企業の急成長と明らかに関係がある。郷鎮企業が中国の工業生産に占める割合は1985年には18・8%であったが、1990年には29・7%、1995年には55・8%と実に60%近くを占めるほどになった。かつて中国が社会主義体制の下ではほとんどが国営企業であったが、市場経済の進展とともに郷鎮企業が伸びてきた。郷鎮企業は「小規模なものが多く、投資額は少なく、機械や設備も古い。国の排出基準を満たすことがしばしばできず、汚染処理能力もほとんど持たないような状況なのである」(12)。「1

980年代、過剰農業労働力を吸収する郷鎮企業が大幅に拡大され、汚染が規制されずに操業しているため水質汚染が大幅に増加した」(13)といわれている。

長江ベルト地帯のなかでも江蘇省と浙江省は郷鎮企業の飛躍的な発展によって農業中心の経済構造を根本的に変え、農村工業化のひとつのモデルをつくった。中央政府は浦東開発を契機に上海が経済、貿易、金輪の中心になるにつれ、江蘇省と浙江省は浦東開発の波及効果を取り入れ、「上海との経済的リンケージ」(14)をつくり上げたが、その結果、環境問題はますます深刻になった。重金属やレアアース（希土類）の鉱山が集中する広東省から湖南省にかけては化学工場が原因とみられるさまざまな公害病が広がっている。このほか、鉛やカドミウムなどの重金属による川や土壌、空気などの汚染も深刻である。そのため、環境被害を理由として住民の抗議活動も頻発している。

中国では大気汚染の原因としてCO_2やSO_2の排出量が大きいが、2007年には国別のCO_2排出量はアメリカを抜いて世界第1位となった。CO_2排出構造として工業部門からの排出比率が高く、1次エネルギー源として石炭が80%を超えていることである。GDPが世界第2位となった現在でもこの構造は変わっていない。モータリゼーションの進展も大気汚染の大きな原因である。産業構造やエネルギー構造が変わらないまま、環境問題への対策が不十分だと中国は今以上に深刻な環境問題を抱えるに違いない。

さらに工業化、都市化に伴う環境問題として、河川や湖沼の水質の汚濁が挙げられる。工場の増加と対策の遅れが汚染を深刻にしている。また、生活が豊かになり、有機物を含む生活排水が未処理のまま河や湖に流される場合がある。また、生活水準の向上による畜産物の需要が増大しているが、畜産農家が糞尿を適切に処理しないまま排出することがあるので汚染が進む。

沿海部の都市ではこうした問題が大きいが、内陸部の農村では貧困を解消するため過剰な耕作や放牧が国土の荒廃をもたらし、砂嵐や洪水の被害をもたらしている。1998年に長江・松花江流域で大規模な洪水被害が発生したが、過度な森林伐採による保水力の低下が問題であると指摘されている。

3　環境対策

環境問題は資源の効率的な利用と表裏一体の関係にある。中国の1次エネルギー供給の3分の2はなお石炭に依存している上に、燃焼の際に脱硫、脱硝がほとんど行われていないので大気汚染が深刻である。酸性雨などは日本や韓国など周辺諸国にも大きな影響を及ぼしている。いま、中国ではエネルギー利用の効率化を進め、大気汚染を抑制することが大きな課題となっている。中国は巨額の外貨準備を抱えているので世界各地の石油を購入しているが、このことが原油価格の高騰を招き、世界経済に大きな影響を与えているのである。

エネルギーコストに敏感にならざるを得なかった日本は省資源・省エネの技術を開発してきた。ところが、中国は長い間石炭や石油を自給できたので省資源・省エネ技術の導入は不十分であり、1993年に石油の純輸入国に転じた後も石油の消費量は増加の一途である。中国経済の成長や日中間の政治的な摩擦で中国に対する援助の見直しが議論になっているが、援助というのはただ単にお金の援助だけではない。技術を通した援助もあるはずである。エネルギーと環境の面で改革を促すような援助は日本の安全保障にもつながるし、中国を地球温暖化防止の国際的な枠組みに参加させるためにも重要な課題である。日本の省エネ、環境保護の技術は世界一だといわれるが、中国の持続可能な発展のために日本の果たす役割は大きいはずである。

中国で環境問題への対策が始まったのは1970年代頃からであるから決して遅いわけではない。1972年にスウェーデンのストックホルムで開催された第1回国連人間環境会議には代表団を送っている。そして翌1973年には全国環境保護会議が開催された。1979年には環境保護法が公布され、1984年には国家環境保護局が設立された。1989年には環境保護法が正式に施行された。しかし、竹歳一紀がいうように「こうした環境に関する立法や政策が、実際に環境問題の防止や解決に有効に働いたかというと、必ずしもそうではない」(15)。環境問題に対しては技術開発が欠かせないが、中国は経済成長を優先するあまり十分ではない。

中国の主要都市では高層ビルが無造作に林立し、道路には自動車があふれており、周辺では工場の建設ラッシュが続いている。その一方では自然破壊も進み、生活環境が悪化している。最近、省エネ重視の「生態城」（エコシティ）の建設が始まった。再生可能エネルギーの比率や緑化比率の高さなどを条件に全国13カ所の都市を選定した。このほか、中国は石炭を主とするエネルギー生産大国であると同時に消費大国であり、汚染物質の排出削減にも力を入れることとし、２００７年４月、温家宝首相をトップとする省エネ・排出削減工作指導グループの設立を決定した。危機感を強めている政府は持続的な経済成長を目指し、「節能減排」（省エネルギーと汚染物質の排出削減）を展開することにした。

中国で２００２年から正式に開始された「退耕還林」政策は条件の悪い耕地を無理に耕作しないで植林して森林に回復させるもので「世界人類史上最大面積の造林計画」(16)として世界中から注目されている。また、自然環境が悪く、土地が荒廃して貧困の連鎖から抜け出せない農民を移住させる政策、つまり「生態移民」も進められている。

中国は国内総生産（ＧＤＰ）は世界第2位となり、国民の所得水準も上昇したので今後は環境問題に対する国民の関心が高まるものと予想される。環境保全に対する国民の問題意識を高めると同時に政府や企業の社会的責任が十分に発揮されなくてはならない。

4　京都議定書

１９９７年に京都で開催された気候変動枠組み条約第3回締結国際会議（ＣＯＰ３）で、先進国の温室効果ガス排出量について法的拘束力のある数値化された削減約束を定めた「京都議定書」が採択された。国際的に協調して費用効果的に目標を達成するための仕組みは「京都メカニズム」と呼ばれている。

京都議定書は先進国が２００８～２０１２年までの各年の温室効果ガスの平均排出量を基準年（１９９０年）から削減させる割合を定めたものである。日本の削減割合は６％、アメリカは７％、ＥＵ加盟国は全体で８％であるが、中国やインドなどの発展途上国に対しては数値目標による義務は課せられていない。この議定書が対象とする温室効果ガスは二酸化ガス、メタンなどの６種類である。

２００８年から京都議定書に基づく第１約束期間が始まり、２０１２年にはその約束結果を示さなければならない。２００８年６月に北海道で開催された「洞爺湖サミット」では当時の福田首相が低炭素社会の構築に関する提言を発表した。世界全体の温室効果ガスの排出量を２０５０年までに50％削減するという意見で一致した。

２０１１年12月、南アフリカ共和国で開かれた国連気候変動枠組み条約締約国会議（ＣＯＰ17）では中国は２０２０年以降の枠組みでは温室効果ガスの削減義務を受け入れた。中国は京都議定書では削減義務を負わないが、中国のCO_2排出量は２００７年にアメリカを抜いて世界最大となり、すでに世界の排出量の４分の１を占め、中国も削減義務を負うべきだという意見は先進国だけでなく、発展途上国からも出ていたからである。

資源・エネルギー問題に限らず環境問題もいっそう複雑なものとなっており、もはや中国一国で解決することは困難となっている。問題解決のためには北東アジア地域で強固な結びつき――共同体の形成が望まれる(17)。

注

（１）日本経済新聞、２０１２年１月31日

（２）『エコノミスト』２０１１年８月２日特大号、44頁

（３）胡鞍鋼「生態環境破壊の抑止こそ急務」（『世界』２００１年３月、１０４頁）

（4）田中修『中国第10次5カ年計画』蒼蒼社、２００１年、３５５頁
（5）田中修「中国第11次5カ年計画の経緯とポイント（上）」『世界週報』２００６年4月11日、12頁
（6）ＯＫＡ・ＭＯＯＫ２２４『環境テロ中国の基準値』オークラ出版、２００８年、86頁
（7）ＯＫＡ・ＭＯＯＫ２２４『環境テロ中国の基準値』オークラ出版、２００８年、89頁
（8）藤野彰編・読売新聞中国環境問題取材班著『中国環境報告　増補改訂版』日中出版、２００７年、１８８頁
（9）藤野彰編・読売新聞中国環境問題取材班著『中国環境報告　増補改訂版』日中出版、２００７年、１９２頁
（10）日本建築学会編『水辺のまちづくり』技報堂出版、２００８年、90頁
（11）中国研究所編『中国の環境問題』新評論、１９９５年、20頁。このほか、中尾正義・銭新・鄭躍軍編『中国の水環境問題』勉誠出版、２００９年。井村秀文・勝原　健編著『中国の環境問題』東洋経済新報社、１９９５年。井村秀文『中国の環境問題　今なにが起きているのか』化学同人、２００７年、小島朋之編『中国の環境問題』慶應義塾大学出版会、２０００年を参照
（12）小林弘明・岡本喜裕編著『東アジアの経済発展と環境』日本経済評論社、２００５年、92頁
（13）バーツラフ・シュミル著、丹藤佳紀・高井潔司訳『中国の環境危機』亜紀書房、１９９６年、62頁
（14）田中修「中国第11次5カ年計画の経緯とポイント（上）」『世界週報』２００６年4月11日、１８４頁
（15）加藤弘之・上原一慶編著『現代中国経済論』ミネルヴァ書房、２０１１年、２２３頁
（16）関　良基・向　虎・吉川成美著『中国の森林再生─社会主義と市場主義を超えて─』御茶の水書房、２００９年、41頁
（17）総合研究開発機構『北東アジアエネルギー・環境共同体への挑戦』ＮＩＲＡ研究報告書、２００１年

第10章　中国と日本の関係

1　日中国交正常化40周年

長い間、中国は日本の隣国でありながら「近くて遠い国」であった。明治以来の不幸な歴史に加えて戦後、長い空白期間があった。１９７２年に当時の田中首相と周恩来首相との大きな決断によって実現した日中国交正常化はその後の両国関係に大きな影響を与えた。中国の市場経済導入によって貿易が拡大したほか文化、スポーツなどあらゆる分野で政府、民間レベルで交流は活発になった。

最近は尖閣諸島をめぐる漁業・資源問題、中国における日本企業の労働条件の改善、河村名古屋市長の発言、東京都の石原知事の尖閣諸島の購入発言など新たな問題も出ている。さらに、ＦＴＡの締結、日本のＴＰＰ締結など両国間で議論し、良好な関係を構築しなくてはならない問題も多い。戦略的互恵関係の構築が求められる。

２０１２年は日中国交正常化40周年の年に当たる。日本の野田首相は２０１１年12月25日、中国を訪問し、胡錦濤国家主席や温家宝首相と会談した。また、２０１２年1月2日から2月19日には日中国交正常化40周年という節目の年にふさわしく、東京の国立博物館で中国美術展（特別展）「北京故宮博物院」が開催された。孔子の論語によれば、「30にして立つ。40にして惑わず」という言葉がある。日本の首相の靖国神社参拝などで「寒い冬」の時代になったこともあるが、２０１２年は「不惑の年」にしたいものである。

ところが、名古屋の河村たかし市長が２０１２年２月20日、旧日本軍による南京虐殺を否定する発言をしたことから日本政府が主催する南京ジャパンウィークで名古屋のアイドルグループ・ＳＫＥ48の公演、山下泰裕氏を招いて開く柔道の交流試合などが予定されていたが、残念ながら延期された。一方、中国政府は次期首相の有力候補、李克強副首相の４月訪日を断念したという。名古屋市長の南京事件をめぐる発言も影響したようである。もともと２０１２年は「国交正常化40周年」の年であり、中国側は「新たな関係づくりの年」ととらえていた。ただ、日本の民主党幹部、輿石氏や元総理大臣鳩山由紀夫らが次の最高指導者に内定している習近平氏と会談するとか、中国共産党とホットラインを設置することが決まったことなどうれしいニュースもある。筆者はたとえ政府間レベルで問題があり、交流が難しいとしても民間レベルの「草の根の交流」が欠かせないと考えている。日中両国の間で対話の努力が不可欠である。

２　歴史に学ぶ

われわれは歴史を忘れてはならない。１９７２年の日中国交正常化交渉の重点は戦争状態終結の問題であり、歴史認識の問題は決して最重要課題ではなかった。しかし、１９８２年の第１次教科書問題、１９８５年の中曽根総理の靖国神社参拝問題、１９８８年には第２次教科書問題などが起こり、これに呼応するかのように日本の歴史認識に対する批判が強まり、１９８５年には南京虐殺記念館、１９８７年には盧溝橋抗日戦争記念館などがつくられた。２０１１年12月６日、日中両政府は12日、13日野田首相の中国訪問を延期する方針を決定した。13日が旧日本軍の南京占領74周年に当たり、南京市の南京大虐殺記念館で大規模な記念行事が行われることから反日感情に中国側が配慮したといわれている。

筆者は2011年5月17~19日、2泊3日の予定で遼寧省の瀋陽を訪ねた。その後、6月15日には北京郊外の盧溝橋を訪ね、歴史を考えながらあの橋の上を歩いた。そのあと、中国人民抗日戦争記念館（旧盧溝橋抗日戦争記念館）を見学した。

1937年7月7日、北京市中心部から南西に約15㎞離れた盧溝橋で日中両軍が衝突した事件である。日中戦争の発端となった。

以下はその時受付でもらったパンフレットの文章である。

中国人民抗日戦争記念館は、中国で唯一の中国人民の抗日戦争を全面的に展覧する大型の総合的なテーマ記念館であり、場所は全面的な日中戦争発端の地―北京にある盧溝橋の畔の宛平県城内である。

記念館の正面には面積8600㎡に達する交戦広場があり、真ん中に中華民族の目覚のシンボルとしての「盧溝橋獅子」が迎えている。広場の両側にそれぞれ七つの芝生が敷かれていて七七事変を意味するとともに、14年間の抗日戦争歴史を象徴している。広場の北側には、漢朝白玉石を礎石とする14メートルの旗竿がある。白い大理石の外壁と独立自由の勲章を嵌め込んだ銅の正門は記念館を一層厳かにしている。

2005年に行われた「偉大な勝利」という大型のテーマ展覧館は、1931~1945年にかけて中華民族の抗日戦争史を展示し、歴史写真と実物を主とし、ハーフ・パノラマ、油絵、彫刻、アニメ、ビデオなどの手段を通じ、中国共産党が積極的に唱えた抗日民族統一戦線という旗の下で、国民党と共産党との協力を基礎として台湾、香港、マカオ同胞や華僑を含んだ全民族が日本帝国主義の侵略を交戦した歴史を強調され、中国共産党が交戦中の大黒柱となり、中華民族が世界ファシズム戦争の勝利に大きな犠牲及び不滅の貢献を表し、そして日本侵略者が日中戦争で甚だしい罪を深く暴き出している。

写真10-1　中国人民抗日戦争記念館（北京）

２０１１年7月15～17日まで2泊3日の予定で筆者は四川省の重慶を訪ねた。中国にはこれまで20回も行ったが、重慶は初めてであった。北京から重慶に行くときも帰るときも飛行機のトラブルにまきこ込まれ、今まで経験したことのないような経験をした。特に、帰りは大変であった。北京空港が雨と落雷のため重慶からの飛行機はほとんどキャンセルで、やっと午後8時30分の便の搭乗券が手に入った。しかし、なかなか搭乗できなくて翌日の１時過ぎになった。したがって、外交学院の国際交流センターに帰ったのは朝の4時過ぎであった。たしかに、集中豪雨と落雷が原因だとしても、市場経済化に伴う航空業界の過当競争が背後にあり、自然災害に対応できなくなっているのではなかろうか。

16日は朝から外交学院の学生、向さんに両親と一緒に市内を案内してもらいきわめて能率がよく、昼食は鍋料理までいただいた。16日の午前中は周公館と桂園、紅岩革命記念館、市民市場などを見学し、午後は古い町並みが残る磁器口を案内してもらった。そして夕方には一人で鵞嶺公園から夜景を見た。17日は一人でタクシーを使って午前中は歌楽山烈士公園の収容所（渣滓洞）を見学した。そして、午後には長江と嘉陵江の二つの川が合流する朝天門と重慶市都市計画館を見学した。

重慶市は四川盆地の東南、長江と嘉陵江の合流地点に位置する。周囲は山に囲まれていて雨や霧が多く、晴れの日が少ない。そのため、「霧の都」とか「山城」とも呼ばれる。冬は寒く夏は暑い。夏の暑さは格別で、重慶は南京、武漢とともに中国では「三大ストーブ」ともいわれる。山の起伏に沿って住宅が建てられ、道路も幅狭く、曲がりくねっている。こうした地形のため、自転車を見ることが少なく、オートバイが多く、荷物を天秤棒で担ぐ姿をよく見かけた。

その重慶は中国西部最大の都市で、人口は３２００万人を超える。１９９７年には北京、上海、天津についで4番目の直轄市となった。重慶には１９３９年に中華民国政府が臨時国民政府をつくり、首都となったことがある。市の中心部にある解放碑は１９４５年に抗日戦争に勝利したことを記念して建てられたものである。かつては「抗

写真 10–2　向こうに見えるのは重慶人民解放碑

日勝利記念碑」という名称であったが、１９５０年に「重慶人民解放碑」という名称に変わった。

重慶は暑くて、食べるものは四川料理で辛いと聞いていたので安全のために中心部にある５つ星のホテル、重慶海逸酒店（ハーバープラザ重慶）に泊まることにした。解放碑のある歩行者天国の直ぐそばであったので、市民生活の一面を見ることもできた。このホテルは37階建の香港系の５つ星ホテルで、１９９８年に開業したものである。隣には太平洋百貨というデパートがあり、最上階にはボーリング場、映画館、スケートリンク、ゲームセンターなどが併設されていた。

このあたりは重慶市の中心部に当たり、市民、観光客も多く、北京や上海に負けないほど賑やかな場所である。歩行者天国は重慶で最大ではないかと言われるほどにぎやかで、市民、観光客も多い。太平洋百貨、王府井百貨などのデパート、重慶海逸酒店などのホテル、マンションなどが立ち並ぶ。

先に述べたように重慶は長江とか嘉陵江の二つの河川に恵まれ、さらに道路や鉄道が発達していて交通の要所でもある。ロープウェーやモノレールなどさまざまな交通手段があるのも重慶の特徴である。ただ、重慶は上海浦東新区、天津浜海新区についで中国では3番目に経済新特区となったが、海から遠いので対外輸出に依存するビジネスモデルは成立しにくいので改革・開放政策から取り残されてきた。しかし、西部大開発、三峡ダム建設などの大規模プロジェクトによって経済力をつけ、いま、内需拡大による新たな経済発展のモデルを模索している。経済力は西部地方のトップである。ＧＤＰは中国平均の９％を５・３ポイントも上廻っている。金融危機のあった２００８年にも成長率は下がらなかった。

発展の潜在性の大きい重慶は中国西部地区の金融センターになるものとみて外資系の金融機関や保険会社が進出しているほか、外国の駐在する外交機関も多い。高層ビルの立ち並ぶ重慶の街を見ると誰しも驚くのではなかろうか。日中戦争で首都であった南京が陥落すると、１９３８年に蒋介石の国民党は首都機能を重慶に移転させた。日本は臨時首都となった重慶を爆撃し、大きな被害を与えた。現在、歩行者天国となっている解放碑は１９４５年に建てられたものである。市内には歴史を物語る建物が数多く残されている。そのひとつ、紅岩革命記念館は日中戦争時代には中国共産党の出先機関であった建物で、現在は新しく建て替えられ、当時の５００点以上に及ぶ資料や写真が展示されている。共産党の周恩来が国民党政府と「国共合作」を行うために使用していた事務所跡は嘉陵江大橋の東、中山四路曽家岩50号にある。共産党重慶駐在代表の周恩来が使用していたので周公館とも呼ばれている。現在は紅岩革命記念館の分館となっている。公館の前には周恩来の銅像が建てられている。１９４５年10月10日、日中戦争終了後、毛沢東と蒋介石が調印したという桂園もこの近くにある。

　沙坪覇区の歌楽山の麓には１９４２年にアメリカの援助を受けて国民党が開設した中美特殊技術合作所の跡がある。ここは特務機関員を訓練する養成機関であるとともに共産党員など国民党に敵対する人間を収容する牢獄でもあった。牢獄のうち最大のものが白公館と渣滓洞である。両収容所跡には拷問室や太陽光のささない陰湿な洞窟跡が残っており、当時の遺品や文献などが陳列されている。現在は歌楽山烈士陵園となっている。筆者が見学したのは日曜日であったせいか、大人から子供まで大勢の人で歩けないほどであった。

3　反日運動

２００３年10月、西安の大学で日本人留学生が演じたわいせつな寸劇が侮辱的だとして中国人学生が反発し、反日デモにまで発展した。さらに、２００４年８月、重慶で行われたサッカーのアジア・カップでは、日本選手に対し激しいブーイングが続き、競技場の外でも反日デモが繰り広げられた。

２００５年４月には中国各地で反日デモが相次いだ。反日デモは「アメリカ在住の中国人たちが始めた日本の安全保障理事会常任理事国入りに反対する署名活動が、中国に飛び火して空前の広がりを見せていた。ネット社会の恐ろしさである。この問題を契機に中国各地で反日行動が起こり、一部は暴徒化した」(1)という。北京では１万人規模のデモとなった。四川省成都市ではイトーヨーカ堂にデモ隊が押しかけた。反日デモは瞬く間に中国全土に広がった。16日の上海における反日デモの参加者は2万人と最大規模に膨れ上がり、日本総領事館の窓ガラスや日本料理店の看板が壊された。日中間において歴史問題が重要であることは言うまでもないが、このような行為は許されない。

共同通信社が日本企業１００社を対象にアンケート調査を行った結果、すでに2社が実際に悪影響を受けており、51社が今後の事業に不安を抱いていることが明らかになった。小泉純一郎首相の靖国神社参拝や歴史教科書問題でギクシャクしている中国との関係が今後の事業に及ぼす影響に不安を抱いているといえよう。２００１年に小泉首相が就任して以降、靖国神社参拝や教科書問題などで日中関係は悪化し、反日感情が高まった。首相の参拝が「戦争で中国国民に重大な損害を与えたことへの責任を痛感し、深く反省する」とした国交正常化時の共同声明の精神に反する、という中国側の主張にも耳を傾けるべきである。

２００４年サッカーが重慶で行われたときには中国側が試合中に激しいヤジやサポーターに食べ物を投げつけた

りした。2005年に韓国で竹島問題が表面化すると、中国でも歴史教科書問題や日本の国連常任理事国入りに対する反対の署名活動が展開された。4月2日には四川省成都で日系スーパーに対し暴動が、9日には北京で大規模なデモが、16日には上海でもデモの一部が暴徒化した。

中国政府は「デモは日本の侵略の歴史に対する誤った対応を不満に思った民衆が自発的に起こしたもので、デモの参加者には冷静で理知的、かつ合法的で秩序のあるように求める」と述べた。中国は1989年の天安門事件の際、軍隊を動員して学生の民主化要求を制圧した。流血の記憶はなお生々しく2011年の反日デモは当時のことを思いださせる。

ところで、反日運動として無視できないのは2010年に中国各地で発生した労働者のストライキである。中国の労働争議は2009年には60万件と2006年の2倍に達した。経済の改革・開放や一人っ子政策の下で豊かに育った世代が労働市場の担い手となってきた。中国では1980年代以降に生まれた新世代を「80後」と呼ぶが、全国の出稼ぎ労働者約1・5億人のうち彼らが6割以上を占めるようになった。ストライキは既存の労働組合ではなく、権利意識の強い新世代の若者が組織しているものとみられる。

政府が2008年頃から内陸部で始めた公共事業で沿岸部は人手不足に陥っているといわれる。中国政府が消費を拡大するため低所得層の所得を高める方針を打ち出し、2010年には最低賃金を引き上げた。消費者物価も上昇が続いているので生活を守るという要求も高まり、ストライキが頻発した。

かつては、安くて豊富な労働力が「世界の工場」といわれる中国の特徴であったが、頻発するストライキは「低賃金労働時代」の終わりを象徴するものであり、経済発展のモデルは転換期を迎えた。同時に、安くて豊富な労働力に依存した日本企業も戦略の見直しを迫られている。

4　尖閣諸島の問題

２０１０年9月、尖閣諸島沖の領海で発生した日本の海上保安庁の巡視船と中国漁船の衝突事件では、中国側は中国漁船が日本の巡視船に不法に囲まれ、衝突されて損害を受けたと主張し、日本側は中国漁船が巡視船に体当りする様子をビデオに撮影し、中国側の主張とはまったく異なる立場であった。日本側は中国漁船の船長を逮捕・起訴したので中国側は日本に対し謝罪と賠償を要求する声明を発表した。その結果、日中関係は嫌悪化し、経済の分野も含めて多方面に影響を及ぼした。

全国修学旅行研究会によれば、修学旅行で中国に行く高校は毎年１００校前後あるが、茨城県立那珂湊高校、静岡県立島田高校、群馬県立桐生西高校、山形県立酒田商業高校などが修学旅行を中止せざるを得なくなった。文化交流や親善訪問の中止や延期も目立った。また、神奈川県日中友好協会は遼寧省瀋陽で高校生らが参加する日本語弁論大会の延期を決定した(2)。

5　ＳＭＡＰのコンサート

尖閣諸島の問題で日本国民の対中感情が悪化しているなかで２０１０年9月、中国・北京の工人体育場で人気グループＳＭＡＰ初の海外公演が開催された。日中国交正常化40周年を控え、中国は「国家外交」から「民衆外交」の比重を高め、そこで注目されたのが日中双方で人気の高いＳＭＡＰだったという(3)。唐前国務委員は「民衆の間の友好感情を促進できる文化交流で中日関係発展の基礎をつくる。今回の北京公演は両国文化交流史の大きな出来事であり、重要な意義を持つ」[4]と述べた。２０１１年には「北京でのＳＭＡＰやＥＸＩＬＥ、上海でのＡＫＢ48など日本の人気歌手の中国公演が相次いだ。急成長する中国のエンターテイメント市場に、不振が続く国内の音楽業界は期待をかける。とりわけ注目しているのがライブ興行だ」[5]という。やはり、こうした背景には経済成長に伴う急増する富裕層の存在がある。

ＳＭＡＰのメンバー５人は２０１２年1月11日、中国のテレビ局が春節（旧正月）に放映する番組収録のために上海に行った。２０１１年9月の北京公演に続き2度目の訪中で稲垣吾郎は「中国には何度か来られないことがあったが、ようやく北京でかなった。もっと、上海などでもコンサートをしたい」と話し、５人は中国語で「明けましておめでとう」と挨拶したという。

中国の網民（ネットユーザー）に対して「あなたの好きな日本人は誰ですか」というアンケート調査結果によれば、上位はすべてジャニーズ事務所所属のアイドルであった[6]。中国の若者たちの間で熱狂的なファンの多いことに驚くばかりである。若者たちの多くが日本のアニメやファッションに関心をもち、好意的な者も増えている。

日中関係は「日本が中国を援助する『カネ』の面の上下関係から、対等な経済協力関係に移行している。中国は商法など経済関連法の整備や、省エネ・環境政策、災害政策などの企画立案で日本のノウハウを求めており、日本が『知恵』の分野で中国を支援する時代に変わりつつある」[7]。

なお、２０１１年12月12日、韓国の排他的経済水域（ＥＥＺ）で不法操業していた中国漁船を取り締まっていた韓国海洋警察庁の職員が船員に刺され、死亡するという痛ましい事件が発生したが、日本でも「長崎県や山陰地方の沖合に、魚群探知機を積んだ中国の大型漁船が出没。日本政府も神経をとがらせている」[8]という。２０１１年12月20日、長崎県五島市鳥島の北東約４㎞の日本の領海内で違法操業していた中国漁船の船長が逮捕された。長崎海上保安部の巡視船が停戦を命じたにもかかわらず逃走したものである。漁船はサンゴを採っていたものとみられるという。11月にも同様の事件が発生している。

6　訪日観光

２０１２年の春節には前年を上回る31億人が移動するといわれている。過去最高の規模になるものとみられている。毎年のことであるが、この時期には帰省ラッシュで北京駅などでは出稼ぎ労働者や学生らが大きな荷物を持って改札口に押しかける姿が見られる。春節に合わせて乗車券の全面的なネット販売が開始されたが、アクセスが集中し、購入できないというトラブルが相次いだ。列車であれ、バスであれ、乗車券を購入することはきわめて難しいので、企業などは大型バスを借り切って従業員やその家族を帰省させるというケースもある。中国では春節（旧正月）にはほぼ1週間の大型連休に入るが、最近はこの時期に日本に観光旅行する人も少なくない。

２０１０年7月に日本を訪れた外国人旅行者は87万９０００人にのぼり、同月としては２００８年の82万５０００人を抜いて過去最高となった。特に、中国からの旅行者は個人向け観光ビザの発給要件が緩和されたのでこれまで最高であった２００７年7月よりも6万４０００人多い16万５０００人と急増した。２０１１年には東日本大震災の影響で26・1％も減少したが、復旧・復興が進んでいることや災害時でも整然と行動する日本人の姿が安心感を与え、２０１２年には増加するものと期待されている。激減した中国人観光客もようやく戻ってきた。会議やイベントの中止や延期も少なくなっている。

日本は比較的早い時期から中国人観光客を受け入れてきた。当初は親族訪問のみに制限されていたが、１９９７年に法の整備が図られ、団体観光旅行、さらに個人旅行へと緩和され、訪問目的も多様化が進んだ。団体観光客の受け入れは当初は北京、上海、広東省の三大都市圏の住民にのみビザが発給されたが、２００５年には中国全土に対象を拡大したのでその効果は着実に現れた。２００９年には条件付きながら中国の三大都市圏の富裕層に、２０１０年には主要都市の中間層にも個人観光旅行を解禁した。中国からの観光客の増加はこうした受け入れ態勢の整備が大きく影響しているとみられる。

来日外国人数は東日本大震災や福島第1原子力発電所の事故の影響で低迷しているが、中国からの来日客は2011年11月には前年を上回る水準にまで回復した。中国と日本を結ぶ空や海のルートも増加し、観光地では観光客の受け入れ体勢の準備をした。長崎ではランタンで夜を彩る「長崎ランタンフェスティバル」をハウステンボス（長崎県佐世保市）でも準備しており、中国をはじめ台湾、香港などから2011年を2割以上増えるものと予想されている。国内の小売・サービス業界では来日中国人の集客を強化する計画である。一人当たりの平均消費額は9・6万円といわれており、デパートや観光地では売り上げを見込んでいる。東京の銀座松坂屋店では免税対象商品の売り場面積を2割も増やした。来日客は富裕層が多く、購買力も高いので宝飾品や高級腕時計などを大幅に増やし、富裕層の需要を取り込む計画である。

外国人観光客に日本を訪れる動機を聞いたところ、「日本の食事」を挙げる回答が最も多いことは日本政府観光局が2009年に実施した調査でわかった。「食事」が1984年の調査開始以来初めて第1位となった。満足した食事ではすし、ラーメン、刺身の順であった。「家電量販店が多い『秋葉原』（20・2％）は全体で第6位だが、特に炊飯器が売れているといい、日本の食の人気が家電製品の売れ行きにも反映しているようだ」(9)という。2012年の春節では、多くの中国人観光客が来日し、東京では渋谷の109、若者に人気のある原宿、電気製品の秋葉原などで買い物をする観光客が多かった。これまでは炊飯器が人気商品であったが、2012年はアクセサリー、デジカメ、ジャケットなどに人気が多かった。アンケート調査によれば、観光客の買い物に当てる予算額としては5～10万円の人が多かったという。ビザの発給要件が緩和されたので観光客が増えたようである。ただ、中国語を話せる店員さんの少ないことが問題になった。

これまで中国人向けの日本ツアーは、中国の旅行会社が企画し、ホテルやガイドなどの手配は日本在住の中国人が担当するケースが多く、日本の旅行会社が中国国内で海外旅行業務を行うことはできなかった。2011年にこれが解禁となり、日本の旅行会社、ＪＴＢが中国国内で旅行業務を行うことができるようになった。日本のことをよく熟知しているＪＴＢが中国の人におもてなしや観光ルートを提供できることになった。いずれにしても、訪日観光客が増加することはただ単に観光という問題にとどまらず、日本と日本人に直接触れることになり、交流に大いに役立つ。

中国では富裕層を中心に観光旅行が定着しつつあり、訪日観光客もビザの発給緩和などで増えるものと予想されており、２０１１年12月には近畿日本ツーリストと角川マガジンズの共同出資でフリーマガジンを創刊し、日本のホテルやショッピング情報などの提供を始めた。さらに、昭文社も２０１２年３月には北京の沃美広告と提携し、観光情報の提供を始めることにした。昭文社は同社が発行している『まっぷる』などのガイドブックで培った世界の観光情報や編集のノウハウを生かして訪日意欲のある中国人に情報を提供するものである。中国の国内線や国際線の航空機内、高速鉄道の座席、高級ホテルなどに配布して需要を掘り起こすという。

7　学生の訪日友好団

２０１１年６月、10日間の日程で中国日本友好協会は北京市の学生30人（うち外交学院の学生５人）を第８回中国大学生訪日団として派遣した。訪問したのは大阪、京都、浜松、箱根、東京である。学生諸君は初めて日本に行き、良い印象をもって帰ったようである。参加者の一人、外交学院の学生、陳さんは次のように「日本は天国のような国」と言っている。

今度の活動をきかけに、私は始めて日本へ行った。大阪、京都、浜松、箱根、東京で見学した。大阪に到着した後すぐ『日本は確かに天国みたい国だね』を感じる。10日に日本にいるとき、感想が色々あった。まずは、日本のいい環境である。日本の空気は北京のよりよい、どこへ行っても青い草と木が見える。その一方、工場や、ホテルなどは水の再利用と汚水の浄化を非常に重視する。工場で働く社員の働く環境もいいだ。次は、日本人の友好である。私たちは、日本にいるとき『中国大学生訪日団』を書く服を着た。多分その原因で、どこへ行っても日本人からの挨拶を持てる。特に、日本の老人たち。ホームステイのとき、あの家庭の人に国籍を忘れて交流した。最後は、日本企業の社会に貢献するの意識である。それは、日本の企業と中国の企業の最大の違い点と思う。実は、中国ではそんなことは想像できない。その以外、日本人の真面目、熱心も私にいい印象を残った。将来、チャンスがあれば、もう一度日本へ行きたい。（原文のまま）

徐さんは日本企業の社会的責任について、特にＣＳＲに関心をもったようである。

一番言いたいことは「日本は思ったよりよい」とのことです。町がきれいだし、また、日本の企業を見学していろいろ勉強しました。そして、日本の方々みんなが親切にしてくださいまして、一生の思い出ができました。今回の訪問が大体四つの部分があります。まずは、各企業での見学です。宝酒造、三井住友銀行、三井化学、伊藤忠などの企業で私たちはいろんな講座を聞きました。２０１０年のデータによりますと、世界で最も強い５００の企業の中で、日本の企業は40以上に達していま す。現在、日本が生産する製品は全世界で好評を博しています。なぜ、日本企業は今までの大きな成功を得られるのかというと、日本の特徴のある企業文化は原因にあると思っています。

今学期の日本文化という授業で、わたしは日本企業における重要な地位を占めているＣＳＲということが初めてわかるようになりました。ＣＳＲというのは、企業の社会的責任です。今回の訪問を経て、このＣＳＲをもっと深く理解できるようになりました。企業によって、ＣＳＲは具体的に異なる方法で実践していますが、全体的に見えば、環境の保全、子供の教育、地域への貢献、および社員への関心という四つの部分があります。

このＣＳＲは日本に行ってから出ないと、実際に感じられなく、企業にとって不可欠なものだといっても過言ではないのでしょう。例えば、「いきいき」、「感動創造企業」、「循環型社会作り」、「化学、革新、夢」、「より多くのお客様にお楽しみいただく」など、日本の企業は各自のCSRを真剣に実現し、日本のかたがたにより一層幸せな生活を送っています。

企業見学以外、私たちも高台寺をはじめとして、日本の伝統的な美を満喫しました。そして、私は日本が実際に自分の独自の文化などを堅く守っていることもわかりました。

10日間が短いと思っています。もし、来年、機会があれば、私は友達と一緒に日本に卒業旅行へ行きたいです。（原文のまま）

さらに、張さんは日本文化の東洋と西洋の融合、古いものと新しいものの融合について関心をもち、次のように述べている。


日本から戻ってもう一ヶ月間になります。その10日間のことを全部覚えています。初めの日の興奮、工場見学の忙しさ、ホームステイの楽しさとディズニランドの遊びは、昨日のことのように印象が深いです。

10日間に自分の目で日本を見て、日本文化の融合を感じられます。まず日本文化は古代と現代の融合です。高台寺で体験した茶道や清水寺の古式ゆかしい建物を通じて、まるで古代の日本へ到着したようです。私はきれいな景色を享受しながら、日本民族の伝統的な風俗などを習っていました。そして、東京お台場での摩天楼やタンカーなどは現代的な日本と開放的な日本を表すと思います。次に、日本文化も東洋と西洋の文化の融合で、伝統的な東洋のものをよく保留は基礎として、また西洋文化の長所を学んで、自身を高めます。例を挙げると、日本の企業の管理方法や教育体制などは西洋の良いものをとって、現在の日本の発展に促進する作用をもたらす。日本は古代と現代の歴史の舞台となるとともに、東洋と西洋の融合地です。

そのほか、日本社会の発展も感じられます。工場見学を通じて、生産の高度な自動化や従業員のやる気いっぱいなどは私の心に深い印象を残りました。実は、経済発展にともない、日本社会の変化も表すも感じられます。例えば、少子高齢化です。ホームステイの夫婦は50歳に達したが、子供がいないです。また、海のそばの管理員さんは75歳で、来年に退職する予定です。しかし、そういう問題は全世界の国々で発展するとともにでてくるかもしれないと思います。日本はよく解決できると信じています。
10日間、まるで夢のようで、あっという間に終りました。その10日間、一生忘れられません。（原文のまま）

8　留学生が見た日本・日本人

１９８３年に中曽根内閣が打ち出した留学生「10万人計画」は来世紀の初頭までに日本が受け入れる留学生を10万人にするという構想であり、アジア諸国から高い評価を受けた。戦後、廃墟から立ちあがった日本の高度経済成長はアジアの人びとの目を日本に向けさせた。事実、日本への留学生は年を追って増加した。１９８３年には留学生は２４００人余りであったが、１９８８年には2万５０００人余りにまで急増した。１９８１年に就任したマレーシアのマハティール首相が提唱した「ルックイースト」政策の影響も大きい。特に、アジアからの留学生は中国を中心に飛躍的に増加した。留学生が急増した原動力は中国の改革・開放政策の影響が大きい。その結果、留学生「10万人計画」は順調に達成できるかと思われたが、１９９５年をピークとして減少した。アジアの留学生、なかでも中国の留学生が減少したからである。

なぜ留学生は減少したのか。日本の留学生政策に根本的な問題があったからである。かつて、駐日フィリピン大使館に勤めたことのあるドミンゴ・シアソンは日本とアジアの共生について「長期的な視野に立った場合、日本がやらなければならない問題の一つは、アジアとの人的交流の活発化である。それが日本とアジアの共生の原点になる」(10)と述べている。われわれはアジアの人びととといかに「共生」していくか、真剣に考えなければならない。留学生の受け入れを通じてどのような人材を何のために育てるのか、どのくらいの費用と時間を投入するのかといった留学生政策の哲学が必要である。また、留学生を日本と相手国との「架け橋」と位置づけ、相互理解、相互信頼を図ることに力が注がれなければならない。こうした努力が不足したのではなかろうか。

中部大学は国際交流に力を入れており、特に外国の大学と交流協定を締結して留学生の受け入れに力を注いでいる。中国の外交学院からの留学生は毎年学部生が3人（3年生）、大学院生が2人（2年生）であるが、外交学院で選抜された成績優秀な学生ばかりである。２０１１年9月、筆者は留学生が中部大学に来て何を感じたか、「留学生が見た日本・日本人」というテーマで次のような感想文を書いてもらった。いずれも日本と日本人に中国にはないものを見つけ、驚いているようである。この経験を帰国後、中国で活かしてもらいたい。

私の目で見た日本人（謝家媛）

わずか2ヶ月を経て、様々な感想がある。日本人はとても優しいと感じている。留学生の私にとって、説明書、特に、食料品のを読むことは難しい。アテンダントに何度も聴いても、優しくて教えてくれる。とても安心だと感じている。しかし、いつでも優しいではなくて、たとえ何か違反な行為があれば、日本人は指摘する。恥ずかしいことは、先日図書館で、急に用事がある上、階段に誰もいないから、声を抑えて、携帯電話を使った。結局、注意されてしまった。私の悪いと知りつつ、用事があるし、声も小さいし、だた一分間だけでかかったのに、なぜそんなに厳しかったのか？　間違いが無いとき、優しくしてくれて、間違ったとき、厳しくなってきて、ルールをちゃんと守るという日本人は私に複雑な感覚を与えた。

そして、日本人は節約意識を強く持っている。それは単なる自己節約ではなくて、ほかの人のことを配慮し、節約を行うことである。寮のある部屋に、前の先輩から残った生活品が一杯ある。例えば、毛布とか、お皿とか、紙とか、とても便利で、再利用もで来る。だからこそ、買わなければいけないものは少なくなる。その習慣に対して、私は尊敬している。

日本に来る前、友人は「毎日必ずメールをチェックしてください。日本人は毎日メールをチェックしている習慣がある」と私に話した。それは本当だ。今だんだんその習慣を慣れてきた。その習慣はとても良くて、日本人の真面目をあらわす一面でもあると思う。（原文のまま）

留学生が見た日本（劉盟）

私は中国から日本に来たもう三ヵ月です。日本で本当にいろいろ勉強になりました。最初来た時、日本人学生たちは本当に親切にしてくれた、いろんな留学生についての活動を開催しました。以前は日本人は多分冷たいと思った、実は全然違います。中部大学の学生はそんなエリートの学生ではないですが、試験の中でカンニングする人は一人いない。中国のエリート大学でも試験でカンニング人たまにいます。それは多分中国の大学で成績に関心深過ぎるので、その関心度は時々自分の信用を犠牲まで強いです。中国人としてそいう違いがあるのはちょっと恥ずかしいんです。

日本人は仕事に対して本当に情熱があります。私の指導先生山下先生は典型の例です。授業について、山下先生は本当に力を尽くす。だから先生の授業は非常に面白かった、皆楽しんで授業を受けました。先生毎日仕事のためにとっても忙しです、夜まで働く姿もみました、そごく感動しました。日本は山下先生のような真面目な人もいっぱいいるとおもいますが、中国今は自分の利益だけ関心する人も大きな部分を占めます。本当に仕事に夢中に人は少ないです。

日本のごみ分類は既に皆の習慣になりました。それはとってもいい習慣です。資源の浪費を避けるからです。それは外国であんまり見られない習慣です。

日本人学生と一緒にそとで食事する時はほとんど別々出す。しかし中国で一人で全部出すのが多いです。

日本で他の人を迷惑かけないは基本的なマーナです、電車の中で大き声で話す人は一人もない、電話をかける人も一人いない。それはいいマーナだと思います。

ホームステーの時、ホストファミリーはとっても親切です。自分が家にいる感じます。（原文のまま）

9　戦略的互恵関係

１９７２年の日中共同声明による国交正常化から２０１２年には40周年になる。これまで日中関係の大局を表す言葉は「平和友好」であったといえよう。２００２年に発足した胡錦濤政権は対日観を修正し、歴史問題の比重を低下させた。しかも、対中関係の担い手も「官」から「民」に移行している。従来のように政府開発援助（ＯＤＡ）中心の援助ではなく、地方自治体や民間の企業や団体、個人に移りつつある。日中関係は日本が中国を援助する関係から対等な経済協力に移行している。２００６年に安倍晋三首相が訪中した際発表された日中共同プレス発表で、日中関係は「友好」の関係から「戦略的互恵」関係に移行した。

戦略的互恵関係について外務省の中国課に3度も席をおき、北京の大使館に3回も勤務したことのある宮本雄二は「戦略的互恵関係が拠って立つ世界認識は、情報化社会が進展し、経済のグローバル化が進み、地球規模での相互依存が高まり、その趨勢は強まることはあっても弱まることはないというものである。この世界認識は重要である。これがないと、これまでの伝統的な日中関係を超えられず、泥沼に舞い戻ってしまう」(11)という。そして、同氏は「新しい日中関係が構想され、『戦略的互恵関係』という、新しい時代の新しい日中関係、すなわち、世界の中の日中関係が実現した。日中関係を世界という広い文脈のなかに置き直した当然の帰結として、日中関係は、アジア、ひいては世界の平和と安定、そして繁栄に貢献しなければならなくなる。日中両国が平和的発展を堅持し、両国の関係を安定させ、発展させることは、単に二国間にかかわる問題だけでなく世界の平和と繁栄にかかわることである。それは、世界全体に対する両国の責任という位置づけになる」(12)と述べている。

中国では高度経済成長期の日本と同じように大気汚染、土壌汚染、騒音、水質汚濁などありとあらゆる公害が発生しており、「公害のデパート」とさえ言われる。北京や上海などの都市部では環境はよくなったといわれるが、オリンピックや万博を契機に工場を郊外に移転させたからである。内陸部の公害が深刻なのは毛沢東が「自力更生」という方針に基づいて内陸部に工業都市をつくったという歴史的要因も指摘される。いずれにしても、産業構造を転換しない限り公害問題の本質的な解決は難しいであろう。

２０１１年11月26日、日本と中国の官民が環境対策について話し合う第6回日中省エネルギー・環境総合フォーラムが北京で開かれた。日本は最先端の技術を中国の環境対策に役立てることを強調した。エネルギー効率の高い街づくりなど51の案件で合意した。１９９９年から日中韓３カ国は北東アジアや地球規模の環境問題をめぐって対話・協力を進めるために環境相会議を開催している。日本と中国の２国間にとどまらず、韓国を加えて交流・連携することはきわめて重要である。中国やモンゴルを主要な発生源とする酸性雨や黄砂は韓国、日本を覆い、被害は拡大する一方だからである。中国は環境対策の技術、人材不足などの問題を抱えている。この分野で３カ国が協力することは地域経済の持続的発展はもとより、３カ国の関係改善にも役立つはずである。前述したように２０１１年８月、外交学院（北京）の学生、趙展さんがボランティアで参加した「中日韓子ども童話交流事業」などは３カ国の交流を通じて相互理解を深め、将来の発展につながるものである。

中国は「商法など経済法制の整備や省エネ・環境政策、災害政策などの企画立案で日本のノウハウを求めており、日本が『知恵』の分野で中国を支援する時代に変わりつつある」(13)。その一方で、日中関係で比重を高めているのが領土、資源問題である。２０１０年の尖閣諸島沖の中国漁船衝突事件、レアアースの問題などはその象徴的な問題である。政府レベルではなかなか難しい問題があったとしても民間レベルの交流を継続することがきわめて重要である。

かつて、欧米の知識人たちが「地中海は過去の海、大西洋は現在の海、そして太平洋は未来の海」(14)といったが、渡辺利夫はすでに１９８８年に「西太平洋の時代」(15)を主張しているが、いまや21世紀は「アジアの時代」であるとさえ言われている(16)。日本だけでなく、アジア太平洋の国々が世界の中でも目覚ましい経済成長を遂げ、これに対応するようにアメリカやロシアも「世界の成長センター」であるこの地域に関心を深めているからである。この地域は経済発展が著しく、相互の依存関係も強まって、「アジア広域経済圏」(17)が形成されている。

10 「共生の時代」を求めて

20世紀の世界は資本主義と社会主義という異なる二つの社会体制の対立と緊張の連続であった。しかし、1991年12月のソビエト連邦の崩壊によって東欧諸国の社会主義も同じように崩壊し、1917年のロシア革命によって70年以上にも及ぶ社会主義体制が社会、経済、文化などさまざまな分野で破壊し、自然と人間を犠牲にしてきたかが誰の目にも明らかになってきた。

しかし、「資本主義、社会主義のどちらの考え方も、一人ひとりの人間的尊厳と魂の自立が守られ、市民の基本的権利が最大限に確保されるという要請をみたしていない」(18)という宇沢弘文は資本主義と社会主義という二つの社会体制を超える新しい体制として「社会的共通資本」という概念を主張した。内橋克人は「市場競争原理至上主義」を批判し、市場一元支配社会に代わる多元的経済社会を目指し、「共生セクターの形成」(19)を主張している。

「共生」という言葉を初めて使ったのは植物学者アントン・ド・バリーの『共生現象』(1979年)であると言われているが、異なる生物間の共存こそが「共生」の原義である。この「共生」を人間社会に適用するとすれば、一定の空間内での安定的秩序の維持が「共生」であろう。「共生」とは、「『異質な他者との共存』であり、『同化』と『差別』に対する決定的なアンチ・テーゼである」(20)。

これまで長くわれわれの世界には経済的利害を階級的利害としてとらえ、階級的な対立軸を世界システム間の対立に置き換えてきた。地球規模で環境問題が深刻になっている今日、時代に即した新たな世界システムの構築こそがいま求められている。グローバル化が進展する世界で市民レベルから世界レベルまで重層的なシステムが不可欠になってきた。

1986年のチェルノブイリ原発事故は地球がひとつであることを多くの人びとに自覚させた。1992年のリオデジャネイロの国連環境開発会議、いわゆる「地球サミット」は従来の単線的な開発に対し「持続可能な発展」を掲げたが、それ以来「自然との共生」は近代を乗り越える理念として現れた。

これまで日本は高い経済成長をもとに先進国としてさまざまな国際貢献をしてきたが、近年国際社会における日本の地位低下が指摘されている。日本の存在感が薄れ、徐々に国際社会における信頼が失われているのではなかろうか。しかし、日本が自立的に成長する経済を一国だけで維持することはますます難しくなってきた。日本が一国では生きられないことも事実である。アジアの一員として共生の道を探らなくてはならない。アジア、特に中国との関係は重要である。文化庁は2011年11月13、14両日東京で「東アジア共生会議2011」を開いた。東アジアの共生を実現させるために各国が文化を手がかりに共生する道を探るというもので、このような会議がさまざまな分野で進むことを期待したい。

日中関係は1970年代にはもっぱら「友好」が基調であったが、中国が改革・開放に転じた1980年代には中国の近代化を支援することが日本の基本政策であり、「援助する国、される国」という構図であった。ところが、1990年代の半ば頃から転機を迎えた。中国の目覚しい経済発展に対し、日本経済は低迷が続き、「中国脅威論」が現れた。たしかに日本と中国とは経済的相互依存関係は不断に進化しており、「脅威」のようにみえる。しかし、よく考えてみると中国の発展は日本にとって絶好のチャンスであり、脅威ではないのである。関志雄が言うように日本は中国との補完関係を活かして中国の台頭を日本経済の発展に生かし、共存共栄の道を探るべきである(21)。朴昌坤は「今、世界市場を広げる一番の方法は先進国が資本と技術を開発途上国に移転し、開発途上国が人的資源と自然資源を開発し、人々の購買力を決定的に高めることである。これは、先進国発展がもっと発展できると同時に、発展途上国を飢餓と貧困から救い出し、彼らに自立的発展の機会を与える一番効果的方法である」(22)という。国境を越えて経済的摩擦、環境問題、歴史問題などを克服し、双方の利益を生み出す唯一の道である。藤原帰一が「地域としての東アジアという意識が中国で生まれつつあることは注目すべき現象」(23)だというように、東アジアにおける地域協力はきわめて重要になってきた。

日中両国の経済的な相互依存関係が強まるにつれ、「東アジア共同体構想」が現実味を帯びてきた。日本経済は中国の巨大な市場に活路を見いだすしかない。かつて、鳩山総理が「東アジア共同体」構想を発表したことがあるが、参加国の範囲、安全保障などの問題もあって実現していない。世界に目を向けると、北米自由貿易協定（NAFTA）や欧州連合（EU）などがある。東アジア共同体構想の核となるのは日本と中国であることは言うまでもないが、両国の間には思惑の違いがあり、容易なことではない。中国の描く枠組みは「ASEANプラス日中韓」であろうが、日本は決してそうではない。

2011年11月、野田首相はアメリカのオバマ大統領と会談し、国内に反対意見があるものの日本が環太平洋経済連携協定（TPP）交渉参加に向けて関係国との協議に入ることを表明した。アメリカなど既存の交渉参加9カ国に参加の意思を表明した日本、カナダ、メキシコを加えると、経済規模は一気に世界の40%を占める巨大な経済連携が実現することになる。欧州連合（EU）の26%と比べるとはるかに大きい。その後に、新たにアメリカ、ロシアが加わった東南アジア諸国連合（ASEAN）首脳会議がインドネシアで開かれ、ASEANに日本、中国、韓国の3カ国が加わる「広域自由貿易圏」づくりを進めることで合意した。海洋安全保障の重要性を明記した首脳宣言も採択された。

アメリカのオバマ大統領はこの会議に先だちオーストラリアを訪問し、アジア・太平洋はアメリカの国防政策上最優先事項と位置づけ、海兵隊をオーストラリアに常駐させる計画を発表した。アメリカが安全保障と経済の両面でアジア・太平洋地域への関与を強める方針を明らかにしたものである。アメリカは今後の外交の軸足をアフガニスタンやイランからアジア太平洋地域に移したものと考えられる。戦後、世界が目指した自由で公正な貿易体制といわれる世界貿易機関（WTO）の理念は後退したようである。

これに対し、中国は東南アジア諸国連合（ASEAN）との自由貿易協定（FTA）を進めてきたが、アメリカ主導で環太平洋経済連携協定（ＴＰＰ）が進むのを警戒して東南アジア諸国連合（ＡＳＥＡＮ）プラス３（日中韓）を軸としてアメリカをはずした「非ＴＰＰ」の枠組みづくりを急いでいる。アメリカと中国の主導権争いはこれまでもあったが、今回は両国の対立が経済圏や安全保障の面だけではなく、ルールや価値観の面にまで及んでいることが特徴である。ＴＰＰには、多くの分野で規制を取り払うアメリカ型の資本主義を広げたいという思惑が感じられるので中国はそれには乗らないで中国のやり方でアジアをまとめようとしている。２０１１年12月には、中南米・カリブ海地域33カ国がアメリカ抜きで中南米カリブ海諸国共同体（ＣＥＬＡＣ）が設立された。アジア開発銀行研究所は２０１１年11月30日、今後の世界経済の成長の中心を担う東南アジア諸国連合（ＡＳＥＡＮ、10カ国）と中国、インドをあわせた三大新興経済地域（ＡＣＩ）のエネルギーを日本の未来戦略に生かそうとシンポジウムを開催した。いずれにしても、世界の成長センターとしてのアジア太平洋地域の行方は世界秩序さえ左右するものである。久保文明はオバマ政権にとって経済的側面と安全保障上の両面から東アジアが重要であることを指摘している(24)。

注

（１）宮本雄二『これから、中国とどう付き合うか』日本経済新聞社、２０１１年、１２０頁
（２）山陽新聞、２０１０年10月４日
（３）ＷＥＤＧＥ、２０１１年９月、36頁
（４）ＷＥＤＧＥ、２０１１年９月、36頁
（５）日本経済新聞２０１１年11月19日
（６）城山英巳『中国人１億人電脳調査』文芸新書、62～63頁
（７）佐藤賢『習近平の時代』日本経済新聞社、２０１１年、２６２頁

(8) 朝日新聞、２０１１年12月13日
(9) 読売新聞、２０１０年8月13日
(10) 久保田誠一『頼もしいアジアの友人たち』スリーエーネットワーク、１９９９年、２２０頁
(11) 宮本雄二『これから、中国とどう付き合うか』日本経済新聞社、２０１１年、１３９頁
(12) 宮本雄二『これから、中国とどう付き合うか』日本経済新聞社、２０１１年、１６１～１６３頁
(13) 佐藤賢『習近平の時代』日本経済新聞社、２０１１年、２６２頁
(14) 小池洋次『アジア太平洋新論』日本経済新聞社、１９９３年、１頁
(15) 渡辺利夫『西太平洋の時代』文芸春秋、１９９９年
(16) 田中直毅『アジアの時代』東洋経済新報社、１９９６年、諏訪哲郎・深津行徳『アジア・太平洋新時代』古今書院、１９９１年、日本経済新聞社編『アジアの世紀』１９９０年、広島大学統合移転記念国際シンポジュウム部会編『アジアの時代　日本の選択』中国新聞社、１９９７年でも、「アジア・太平洋時代」の到来をのべている。
(17) 青木健『アジア太平洋経済圏の生成』中央経済社、１９９４年、１１２頁
(18) 慶応義塾大学経済学部編『変わりゆく共生空間』弘文堂、１９９９年、２１９頁
(19) 内橋克人『「共生経済」が始まる』ＮＨＫ人間講座、２００５年、１２６頁
(20) 慶應義塾大学経済学部編『変わりゆく共生空間』弘文堂、１９９９年、５頁
(21) 関志雄『共存共栄の日中経済』東洋経済新報社、２００５年
(22) 武者小路公秀『東アジア共生への道』大阪経済法科大学出版部、１９９７年、１５４頁
(23) 毛利和子・張　嶺『日中関係をどう構築するか』岩波書店、２００４年、19頁
(24) 久保文明『オバマ政権のアジア戦略』ウェッジ、２００９年

おわりに

中国が1978年末以来の改革・開放政策と経済政策によって経済成長を達成し、世界第2位の経済大国になったものの、今や岐路に立たされていることを論述してきた。それを要約すると次の5点になる。

輸出・投資主導型経済の転換

中国は1978年末以来、経済の改革・開放政策によって急速に経済発展し、2010年には世界第2位の経済大国を達成した。2008年には北京でオリンピック、10年には上海で万博を開催し、世界に中国の躍進ぶりを誇示した。さらに、2011年7月には北京と上海の間に高速鉄道が開通した。文字通り目覚ましい発展である。1978年末から2009年までの30年間を中国経済発展の第1段階とすれば、世界第2位の経済大国となった2010年以降の30年間が第2段階と言えるであろう。

ところが、中国はいま大きな転機にさしかかっているように思われる。欧州の債務危機にともなう景気減速で上海では不動産価格が下落し、高い住宅を取得した市民が不動産会社に押しかける事件が発生している。また、安い人件費で「世界の工場」を築いてきた広東省のおもちゃや靴などの工場が倒産し、欧州危機に揺さぶられている。中国国家統計局の発表によれば、2011年の国内総生産（GDP）は9.2%で経済成長は減速続きで2年ぶりに1桁であった。欧州債務危機による輸出の減少と国内のインフレを抑えるための金融引き締め、不動産バブルを抑えるための規制で投資を鈍らせているからである。

中国の輸出の伸び率は下がり続けている。その理由は世界的な需要の低迷だけではない。近年の人民元の切り上げや賃金の上昇、環境規制の強化などによるコストの増加で労働集約的な工業製品の国際競争力が低下しているからである。労働集約的な衣料品や履物、家具、おもちゃ、かばんなどが輸出総額に占める割合は2005年の14・9％から11年には13・5％に低下した。中国経済は高度成長で規模こそ大きくなったが、自動車や電気などの基幹産業の国際競争力のある企業が育っていない。自動車は外資系と国有企業の合弁企業が技術とブランド力で国内市場を席巻し、民族系の企業の苦戦が続いている。電気産業でも液晶パネルなどの基幹部品は国産化が本格化したばかりである。このほか、環境、格差、インフレなど種々の問題が噴出している。いま、中国は成長維持か、社会の安定か、岐路に立たされているといっても過言ではない。

たしかに、中国の経済成長は改革・開放政策によるところが大きいのであるが、これまでのような重化学工業重視で輸出・投資主導型の成長ではなく、産業構造を転換させ、国民の生活を重視した内需主導型の成長に転換しなくてはならない。中国の国内総生産（ＧＤＰ）に占めるサービス産業の比率は43％であり、先進諸国の70％前後と比べると大きな差がある。中国のモノに偏る輸出は転換期を迎えている。貿易不均衡という課題を抱える中国はサービス産業の育成に取り組むべきである。欧州債務危機が深刻化して今後世界経済が大きく減速する事態になれば、輸出や外資の減少によって企業の倒産が増え、雇用環境がさらに悪化しかねない。中国は不動産投資と欧米市場への輸出に過度に依存した成長モデルから脱却して内需主導型の経済を目指して、教育、医療などを重視し、成長と環境を両立させるような成長モデルに転換するべきである。2008年のリーマンショック後の中国経済の回復、成長は世界経済の牽引役として世界各国から大きな役割を期待されている。

自由貿易協定の推進

中国は2002年11月、日中韓自由貿易協定（ＦＴＡ）の締結を提唱した。2010年5月、産官学の共同研究を始め、2011年5月に東京で開催した日中韓首脳会談では共同研究を当初予定の2012年から1年前倒しして年内に終了させる方針を確認した。２０１１年12月、この貿易協定の締結に向けた交渉を始めることになった。知的財産権の保護などを定める投資協定も実質的に合意する予定である。ただ、中国は自国の産業を育成する観点から工業製品の関税引き下げには消極的である。日本が望む自動車や電気製品に関しても譲歩を引き出すのは容易なことではない。

日中韓３カ国は投資協定をそれぞれ２カ国間で投資協定を締結している。日韓は２００３年に、日中は１９８９年にそれぞれ結んでいる。３カ国の投資協定は２００５年５月から政府間協議を開始し、７年３月から本格的な交渉を重ねてきた。中国は当初上述のように自国の産業への影響を懸念し、韓国も国内の米韓ＦＴＡへの反発から慎重になり、交渉が停滞していた。ところが、２０１１年12月に産官学の共同研究で上述した日中韓３カ国の自由貿易協定（ＦＴＡ）交渉の勧告が出されたことやアメリカ主導の環太平洋経済連携協定（ＴＰＰ）の動きが活発になったことなどから３カ国の投資協定の合意に向けた動きが活発になってきた。

格差是正と和諧社会の実現

中国経済も数年前までは10％を超えるような高い成長率を誇ったが、いまでは８％前後に鈍化し、失業者が増え、大学生の就職難もあり、決して安定しているわけではない。都市と農村の格差、国民の間の貧富の格差、環境問題など深刻な問題を抱えている。さらに、高齢化社会への対応と一人っ子政策の見直しも問題となっている。

いま、中国政府は積極的に公共投資によって地方の高速道路や高速鉄道の建設を進め、雇用の安定と経済成長の維持に努めている。胡錦濤政権が進める「和諧社会」の実現には政治改革が不可欠である。それは「壮大な実験」であると筆者は述べたが、世界が注目している。

国土構造の再編成

中国は1978年末の改革・開放以来、目覚ましい経済発展をとげたが、その要因の一つとして農村からの出稼ぎ労働者（農民工）の果たした役割は大きい。都市への人口集中とグローバル化に対応するため北京、上海、広州などを中心とするメガリージョンを形成してきたが、中心部の空洞化と周辺部のスプロール化を招き、決して市民レベルでは望ましいとはいえない問題が噴出した。中国は格差問題をはじめ環境問題などさまざまな難しい問題を抱えているのも事実である。このような問題に積極的に取り組むと同時に普遍的な価値を求めて世界と協調することが重要である。

中国では沿海部と内陸部の格差を縮小するため、西部開発や東北振興を進めているが、その道程は長くて険しい。中国で急速に進む都市化への対応と文化政策が今後きわめて重要となるであろう。北京や上海とその周辺に人口が集中し、ますます巨大な大都市圏をつくりつつある。北京と上海の間には高速鉄道が開通し、いよいよ都市間競争の激しい時代を迎えた。人口や都市機能の大都市への集中・集積は経済の論理の下では必然的なことかもしれないが、大都市への一極集中は決して望ましいことではない。多極分散型の国土構造が望ましい。それには国土の編成のあり方をもう一度検討すべきである。

改革・開放政策と日中関係

2011年7月1日、中国共産党90周年の祝賀大会で胡錦濤国家主席は「中国を良くするカギは党にある」と述べ、共産党の改革に取り組む決意を示した。同時に、一党支配の中国では野党は存在しないと述べ、政治的安定がなければなにもできないとし、今後も経済成長を確保し、安定を保つことの重要性を国民に訴えた。現在の中国の指導層は地域、派閥、組織間の微妙なバランスの上に成立しているのでなおさらそういえる。中国は2008年の世界的な金融危機をいち早く脱し、胡錦濤政権は自信を深めたに違いない。共産党がその実力を誇示するのも当然であろう。１９２１年に上海で結党されたときわずか50人余りであった共産党は現在８０００万人の党員を抱えるほどまでに巨大な政党になった。組織は大きくなると、さまざまな問題が出てくる。経済政策をめぐって共産党指導部内で意見の対立があるとも伝えられる。太子党の有力者である重慶市の共産党書記・薄熙来共産党書記が解任された。90周年の大会で党の改革を訴えざるを得なかったのも当然のことかもしれない。

２０１２年は中国にとって「換届」の年に当たる。リーダーが代わるのである。余程のことがない限り、現在、国家副主席を務める習近平氏が胡錦濤国家主席の座を継承する。しかし、リーダーが代わっても、国家運営には大きな方向転換はないだろう。

２０１１年12月14日、中国共産党と政府が２０１２年の経済政策を話し合う中央経済工作会議が閉幕したが、経済政策の基本方針として成長重視を再び打ち出した。中国は２００８年の金融危機の際、大規模な公共投資を実施し、世界経済を牽引する役割を果たしたが、国内ではインフレ、格差の拡大など経済のひずみも深刻になった。中東諸国の民主化運動、労働者の待遇改善を求める暴動、高速鉄道事故など政権批判を強める動きもあった。政権内には高度成長により豊かになるという実感が続く限り国民の不満を最小限に抑えられるという判断が働いたようである。

中国は経済効率優先の「先富論」を主張した鄧小平政権の時代、「社会主義市場経済」の江沢民政権の時代、「和諧社会」を推進した胡錦濤政権の時代から２０１２年秋の共産党大会では習近平国家副主席への政権交代が確実視されている。温家宝首相は２０１２年3月14日、全国人民代表大会（全人代）の閉幕後、記者会見で「政治体制の改革が成功しなければ経済体制改革も徹底しない。これまでの成果も失われ、文革の悲劇が繰り返される恐れがある」と強調した。新しい政権は経済成長を追及しつつ、政治・社会などあらゆる分野にわたって改革を進めなくてはならない。

日本と中国の関係はかつて「政冷経熱」といわれたことがあるが、それは今も変わらない。日本と中国の間には日本の貿易相手国としても経済的に相互依存関係が強まっており、現在では中国との関係を抜きにしては日本経済も成り立たなくなっている。一方では歴史認識、尖閣諸島の資源開発、領土問題など多くの政治的問題が横たわっている。日本と中国は従来のようなたんなる交流・友好の関係から戦略的互恵関係にあるが、今後さらにその内実を深めなくてはならない。国交正常化当時の人的交流は双方向で1万人程度であったが、2011年には600万人を超え、いよいよ「国民大交流」の時代に入りつつある。たとえ政府レベルで両国の間で難しい問題があり、交流が難しい場合でも民間レベルでは交流を続け、お互いに相手を理解することがきわめて重要である。特に、将来の担い手になる青少年の交流は重要である。「草の根の交流」が強く望まれる。近年、資源・エネルギー、領土問題などをめぐってナショナリズムが強くなりつつあるが、偏狭なナショナリズムではなく、グローバルな視点に立って「平和共存の道」を探り、「共生の時代」を実現しなくてはならない。

中藤康俊

2012年4月

■著者紹介

中藤康俊（なかとう　やすとし）

1939年　岡山県生まれ
1970年　名古屋大学大学院博士課程修了
現在　岡山大学名誉教授　農学博士
　　　華東師範大学（中国・上海）顧問教授

著書　『現代日本の食糧問題』（汐文社、1983年）
　　　『人文地理学入門』（古今書院、1985年、中国・気象出版社、1999年）
　　　『戦後日本の国土政策』（地人書房、1999年）
　　　『環日本海経済論』（大明堂、1999年）
　　　『日本農業の近代化と経営』（古今書院、2000年）
　　　『地域政策と経済地理学』（大明堂、2002年）
　　　『北東アジア経済圏の課題』（原書房、2007年）
　　　『冷戦後の北東アジアと日本』（大学教育出版、2008年）
　　　『地方分権時代の地域政策』（古今書院、2008年）
　　　『水環境と地域づくり』（古今書院、2010年）
　　　『地域社会の変動と文化』（大学教育出版、2011年）
共著書『激動する現代世界』（大明堂、1999年）
　　　『北東アジア辞典』（国際書院、2006年）
編著書『日本農業の地域構造』（大明堂、1978年）
　　　『産業地域の形成と変動』（大明堂、1985年）
　　　『混住化社会とコミュニテイ』（御茶の水書房、1985年）
　　　『都市・農村コミュニテイ』（御茶の水書房、1985年）
　　　『現代の地理学』（大明堂、1990年）
　　　『国際化と地域』（大明堂、2001年）
　　　『現代中国の地域構造』（有信堂高文社、2003年）
　　　『現代日本の資源問題』（古今書院、2012年）

中国 岐路に立つ経済大国
— 四半世紀の中国を見て —

2012年10月30日　初版第1刷発行

■著　　者——中藤康俊
■発 行 者——佐藤　守
■発 行 所——株式会社大学教育出版
　　　　　　〒700-0953　岡山市南区西市855-4
　　　　　　電話(086)244-1268㈹　FAX(086)246-0294
■印刷製本——サンコー印刷㈱

ISBN978-4-86429-179-8